Rathjen · Der vernetzte Text

Friedhelm Rathjen

Der vernetzte Text

Zehn Studien und Miszellen zum *Ulysses* von James Joyce

2018

Die hier versammelten Studien wurden folgenden Bänden entnommen:

Friedhelm Rathjen: *Flußgefließe. Ausätze zu James Joyce* (Edition ReJoyce, Bd. 19)

Friedhelm Rathjen: *Triplin' Dublin. Nach- und Überträge zu James Joyce und Samuel Beckett* (Edition ReJoyce, Bd. 57)

rejoyce pocket
rjp 3

Bibliografische Information der Deutschen Bibliothek:

Die Deutsche Bibliothek verzeichnet diese Publikation in der Deutschen Nationalbibliografie; detaillierte bibliografische Daten sind im Internet über <http://dnb.ddb.de> abrufbar.

EDITION ReJOYCE Südwesthörn 2018
rejoyce@gmx.de
Satz, Titelfoto und Umschlaggestaltung: Friedhelm Rathjen
Herstellung: Books on Demand GmbH, Norderstedt
ISBN 978-3-947261-03-1

Inhalt

Die erzähltechnische Handhabung des ‚interior monologue' in der „Telemachus"-Episode des *Ulysses*

Vorbemerkung

Versuche, den Begriff ‚interior monologue' zu definieren, zeugen nicht selten von erschreckender Hilflosigkeit, und zwar nicht nur in Konversationslexika[1], sondern auch in literarischen Nachschlagewerken und speziellen Fachaufsätzen. So tritt dem Terminus ‚interior monologue' häufig die Bezeichnung ‚Bewußtseinsstrom' zur Seite, ohne daß das Verhältnis beider Begriffe zueinander hinreichend geklärt wird.[2] Daneben ist die Tendenz festzustellen, daß eine Vielzahl unterschiedlicher Erscheinungen als ‚interior monologue' bezeichnet wird. So taucht bisweilen gar ein „indirekter innerer Monolog"[3] auf. Vor allem aber

---

[1] Vgl. *dtv-Lexikon. Ein Konversationslexikon in 20 Bänden* (München: dtv 1980), Bd. 9, S. 158 (Stichwort: ‚innerer Monolog'): „in Romanen und Erzählungen werden unausgesprochene Gedanken, Assoziationen, Ahnungen der Person in Form der indirekten [sic!] Rede wiedergegeben."

[2] Vgl. Gero von Wilpert, *Sachwörterbuch der Literatur* (Stuttgart: Kröner [6]1979), S. 371 (Stichwort: ‚innerer Monolog') und S. 793 (Stichwort: ‚Stream of consciousness'). Wilperts Definitionen lassen etwaige gemeinte Unterschiede zwischen den beiden Begriffen allenfalls erahnen.

[3] Vgl. beispielhaft Doris Stephan, „Der Roman des Bewußtseinsstroms und seine Spielarten", in *Der Deutschunterricht* 14 (1962), S. 24-38, hier S. 32-34. Stephan versteht unter ‚indirektem inneren Monolog' eine Technik, die Bewußtsein im Wortlaut wiedergibt, dabei aber die ursprünglich erste in die dritte Person und das Präsens ins Präteritum überträgt. In der vorliegenden Arbeit soll eine solche Technik als ‚erlebte Rede' bezeichnet werden, während der Terminus ‚interior monologue' ausschließlich der Wiedergabe unter Wahrung des auf die Reflektorfigur bezogenen ‚ich' und des auf der Bewußtseinsgegenwart beruhenden Tempusgefüges vorbehalten bleibt.

wird das sporadische Auftreten unvermittelter Bewußtseinswiedergabe, wie es in der „Telemachus"-Episode[4] zu beobachten ist, im allgemeinen terminologisch nicht vom Monologroman getrennt.[5] Aufgrund dieser Schwierigkeiten soll in der vorliegenden Arbeit zunächst eine kurze erzähltheoretische Einordnung des Phänomens ‚interior monologue', wie es sich im zu analysierenden Text darstellt, vorgenommen werden, die dabei wegen der gebotenen Kürze nur Andeutungscharakter haben kann.

Da in der „Telemachus"-Episode neben der Reflektor- noch eine Erzählerfigur auftritt, soll auf der Grundlage einer durch die Kategorie ‚Raum' bestimmten rudimentären Grundstruktur nicht nur die Darstellung des Reflektorbewußtseins, sondern auch die Haltung des Erzählers analysiert werden, wobei die Themenstellung der Arbeit naturgemäß eine Konzentration auf das Verhältnis des Erzähler- zum Reflektorbewußtsein nahelegt.

Der Abschluß der Arbeit gilt dem Versuch, Ansätze für eine Einbindung der zuvor angestellten Beobachtungen in die übergreifende Struktur des Romans zu finden.

Erzähltheoretische Einordnung

Joyces *Ulysses* gilt gemeinhin als Paradigma für den ‚interior-monologue'-Roman schlechthin.[6] Häufig wird,

---

4 Vgl. James Joyce, *Ulysses* (Harmondsworth: Penguin 1968), S. 9-29. – Alle *Ulysses*-Stellenangaben folgen dieser lange Zeit in Europa weitestverbreiteten Ausgabe, wobei ich, da sehr eng am Text gearbeitet wird, stets mit Seiten- und auch Zeilenangabe zitiere.

5 Eine rühmliche Ausnahme findet sich bei Dorrit Cohn, *Transparent Minds. Narrative Modes for Presenting Consciousness in Fiction* (Princeton: Princeton University Press 1978). Vgl. weiter unten, Anm. 12.

6 Vgl. *dtv-Lexikon*, a.a.O., Bd. 9, S. 158 ((Stichwort: ‚innerer Monolog'): „Hauptvertreter ist James Joyce (Ulysses, 1922)."

offenbar im Bemühen, die Abweichung dieses Werkes von den einschlägigen Konventionen möglichst drastisch vorzuführen, die „Penelope"-Episode als typisch für den gesamten Roman hingestellt.[7] Vielfach wird deswegen davon ausgegangen, daß die Verwendung des ‚interior monologue' gleichbedeutend mit dem Verzicht auf einen Erzähler im herkömmlichen Sinne sei.[8] Die darauf beruhende erzähltheoretische Einstufung des ‚interior monologue' als extreme Variante einer „Ich-Erzählsituation", kurz vor der „Ich/Er-Grenze" und damit dem Übergang zur „personalen Erzählsituation", wie sie der Erzähltheoretiker Franz Stanzel vornimmt[9] , kann denn auch nur im Hinblick auf Erzählwerke wie Schnitzlers „Leutnant Gustl" oder eben jene achtzehnte Ulysses-Episode befriedigen: hier wird die Reflektorfigur gleichsam zum, wenn auch unfreiwilligen und sich seiner Funktion nicht bewußten, Erzähler.

In den ersten Episoden von *Ulysses* dagegen wird das Geschehen grundsätzlich durch einen schildernden Erzähler vermittelt, der das Bewußtsein der Reflektorfigur abruft und als eine Art Beiseitesprechen[10] in das erzählte

---

7 Vgl. als Beispiel Stephan, „Der Roman des Bewußtseinsstroms und seine Spielarten", a.a.O., S. 27.

8 Vgl. Wilpert, *Sachwörterbuch der Literatur*, a.a.O., S. 371; als Ziel des Gebrauchs des ‚interior monologue' nennt Wilpert die „Identifikation von Leser und Romanheld durch unmittelbare Gleichsetzung und völliges Verschwinden des Erzählers".

9 Vgl. Franz K. Stanzel, *Theorie des Erzählens* (Göttingen: Vandenhoeck und Ruprecht 1979), besonders S. 284-289 („Von der Ich-Erzählsituation zur personalen Erzählsituation") und den „Typenkreis" (nach S. 333).

10 Die antike Bühnentechnik des ‚à part' dürfte als Modell dem ‚interior monologue' in der „Telemachus"-Episode wohl eher gerecht werden als der Bühnenmonolog, mit dem er in der Literatur häufig – z.B. von Stephan, „Der Roman des Bewußtseinsstroms und seine Spielarten", a.a.O., S. 26 – verglichen wird.

Geschehen einblendet. Die in den Handlungsablauf eingebetteten ‚interior-monologue'-Passagen sind dabei wie in direkter Rede wiedergegebene Dialogbeiträge aufzufassen, von denen Stanzel zutreffend sagt, sie seien „streng genommen kein narratives, sondern ein dramatisches Bauelement"[11].

Den Unterschied zwischen dem ‚interior monologue' als dramatischem Bauelement innerhalb einer nach Stanzel „auktorialen Erzählsituation" und dem ‚interior monologue' als Extremfall der „Ich-Erzählsituation", nämlich im Monologroman, erkennt Dorrit Cohn[12], die daher „quoted monologue"[13] und „autonomous monologue"[14] voneinander trennt. Bei den ‚interior-monologue'-Passagen von *Ulysses* handelt es sich zweifellos um „quoted interior monologue". Eine Ausnahme bildet allenfalls die „Penelope"-Episode, dies allerdings auch nur dann, wenn sie nicht im Zusammenhang des ganzen Romans, sondern als eigenständiger Text angesehen wird.

---

[11] Stanzel, *Theorie des Erzählens*, a.a.O., S. 71. – Die Einstufung von ‚interior-monologue'-Passagen als dramatischer, nichtnarrativer Erzählform sollte dabei nicht zu einer Abwertung des ‚interior monologue' als Romantechnik, sondern eher zu einem Infragestellen der Gattungskonventionen herausfordern.

[12] Vgl. Cohn, *Transparent Minds*, a.a.O., S. 15: „At this point it becomes clear that the term ‚interior monologue' has been designating two very different phenomena, without anyone's ever stopping to note the ambiguity: 1) a narrative technique for presenting a character's consciousness by direct quotation of his thoughts in a surrounding narrative context; and 2) a narrative *genre* constituted in its entirety by the silent self-communication of a fictional mind."

[13] Vgl. ebd., S. 58-98.

[14] Vgl. ebd., S. 217-265.

Grundstruktur der „Telemachus"-Episode

Dramatisches Moment

Die „Telemachus"-Episode von *Ulysses* wirkt über weite Strecken beinahe wie ein Drama. Der Erzähler beschränkt sich, insbesondere zu Beginn der Episode, weitgehend auf die Wiedergabe für jeden Beobachter wahrnehmbarer Geschehnisse[15], nur sporadisch zeigt er, etwa durch kurzzeitige Einsicht in das Bewußtsein Stephens, Fähigkeiten, die über jene eines reinen Berichterstatters hinausgehen. Deutlich narrative Elemente wie Zusammenfassungen, Personen- und Ortsbeschreibungen, Zeitraffungen, -dehnungen und -sprünge, Vorgriffe, indirekte Rede oder dergleichen treten nicht auf.

Das Geschehen wird eindeutig durch die Dialoge der Charaktere bestimmt[16], die in direkter Rede[17] wiedergegeben werden. Nimmt man den ‚interior monologue' hinzu, so entfällt auf die Kategorie ‚showing' der größere Teil der Episode.

Neben der verbalen Interaktion der Charaktere ist visuell wahrnehmbares Geschehen Hauptbestandteil von Bühnenhandlung. Auch die *Ulysses*-Auftaktepisode würde sich für eine Präsentation auf der Bühne eignen, wie hier nur an einem Beispiel gezeigt werden soll:

> Buck Mulligan sighed and, having filled his mouth with a crust thickly buttered on both sides, stretched forth his legs and began to search his trouser pockets.[18]

---

[15] Daß er dabei beileibe nicht so wertneutral ist, wie es zunächst scheinen mag, wird im weiteren Verlauf dieser Arbeit deutlich werden.

[16] Von den 773 Zeilen dieser Episode enthalten 380 Zeilen bzw. 49% Dialog (kurze Inquitformeln eingeschlossen).

[17] Rund 100 Zeilen (13%) – die Auszählung kann wegen der zahlreichen ambiguenten Stellen nicht exakter ausfallen.

[18] Joyce, *Ulysses*, a.a.O., 21.21-23.

Die Diskrepanz zwischen dem beidseitig bebutterten Brotkanten Buck Mulligans und seiner ohnehin stattlichen Statur einerseits sowie der vergeblichen Suche nach genügend Kleingeld andererseits bezieht ihre Wirkung aus dem optischen Eindruck, der vom Leser natürlich erst nachvollzogen werden muß.

,Raum' und ,Zeit' als Konstituenten der Struktur

Das konventionelle Bühnenstück wird in erster Linie durch ,Raum' und ,Zeit' strukturiert. Insbesondere die Konstituente ,Raum' eignet sich ebenfalls zur Aufgliederung der ersten Episode von *Ulysses*, wobei sich eine Dreiteilung ergibt.

Der erste Teil der Episode ist auf dem Martello-Turm angesiedelt. Der Szenenwechsel zum zweiten Teil (im Turm) erfolgt recht abrupt – vom Bewußtsein Stephens, der sich anscheinend auf dem Turm befindet[19], wird ohne Übergang in den Turm hineingeschaltet:

> [...] I am another now and yet the same. A server too. A server of a servant.
>
> In the gloomy domed livingroom of the tower Buck Mulligan's gowned form moved briskly about the hearth to and fro, hiding and revealing its yellow glow.[20]

Der Wechsel vom zweiten zum dritten Teil der Episode, der nicht an einem festen Ort, sondern auf dem Weg zum Strand spielt, erfolgt dagegen gleitend; die Darstellung folgt Stephen beim Verlassen des Turms:

---

[19] Was nicht ganz sicher ist: möglicherweise steigt er während seines ,interior monologue' bereits vom Turm herab und betritt den Wohnraum. Es darf zumindest vermutet werden, daß er sich während der Bewußtseinsdarstellung bereits in Bewegung setzt: „So I carried the boat of incense at Clongowes" (ebd., 17.31).

[20] Joyce, *Ulysses*, a.a.O., 17.31-35.

> Stephen, taking his ashplant from its leaningplace, followed them out and, as they went down the ladder, pulled to the slow iron door and locked it.[21]

Im Gegensatz zu ‚Raum' eignet sich die Konstituente ‚Zeit' nicht als strukturgebendes Element, da sie während der gesamten Episode kontinuierlich voranschreitet.[22]

Bewußtseinsdarstellung in der „Telemachus"-Episode

Entwicklung der ‚interior-monolgue'-Technik und Verteilung über die Episode

Die Episode beginnt mit einer Schilderung durch einen Erzähler, der ausschließlich äußerlich wahrnehmbare Vorgänge wiedergibt und in keiner Weise eine etwaige Fähigkeit zum Einblick in das Bewußtsein eines oder mehrerer Figuren erkennen läßt. Der Erzähler ist hier als Funktion, nicht aber als Person greifbar. Die erste Stelle, die diesen Eindruck durchbricht, ist das Wort „Chrysostomos"[23]. Dieses Wort stellt eine explizite, subjektive Wertung dar, wobei für den Leser an dieser Stelle noch nicht klar sein kann, ob diese Wertung dem Bewußtsein des Erzählers entspringt (was abwegig erscheinen muß, da die Einführung des Erzählers als einer Übermittlungsfunktion, vergleichbar einer Tonfilmkamera, dem offenbar widerspricht), oder dem Bewußtsein Stephens als einer der

---

[21] Ebd., 23.28-30.

[22] Es kann allerdings nicht völlig ausgeschlossen werden, daß beim ersten Szenenwechsel ein kurzer Zeitsprung durchgeführt wird, da aufgrund des abrupten Schnitts kein kontinuitätsgebendes Handlungselement vorhanden ist. Stephen, bei dem die Darstellung offenbar auf dem Turm abbrach, taucht erst kurz nach Einsetzen der zweiten Szene wieder auf (ebd., 18.3: „Stephen laid the shavingbowl on the locker"), ohne daß sein Eintreten in das Innere des Turms geschildert wird.

[23] Ebd., 9.27.

Figuren[24] entstammt (was ebenfalls abwegig erscheinen muß, da ein technisches Verfahren, das die Einblendung von Stephens Bewußtsein direkt in die Geschehenswiedergabe erlaubt, bis zu dieser Stelle nicht eingeführt ist). Erst in rückschauender Betrachtung nach Lektüre der Episode sollte „Chrysostomos“ eindeutig als der Bewußtseinslage Stephens entsprechend qualifiziert werden können, wobei allerdings die Frage, ob es sich um ‚interior monologue‘ oder eine andere, auch den Erzähler mit ins Spiel bringende Technik (etwa erlebte Rede) handelt, wegen der extrem elliptischen Syntax nicht endgültig geklärt werden kann.[25]

Die Funktion, die dieser Stelle hier zugemessen werden soll, ist die eines Signals für den Leser: er dürfte zunächst verwirrt reagieren und durch die daraus resultierende

---

[24] Die Möglichkeit, es handele sich um Buck Mulligans Bewußtsein, dürfte durch den Kontext eindeutig zu eliminieren sein.

[25] Die Sekundärliteratur gibt sich denn auch zumeist damit zufrieden, die inhaltliche Herkunft des Wortes aus Stephens Bewußtsein vage zu umschreiben, ohne eine formale Einordnung zu versuchen. Vgl. Harry Vreeswijk, *Notes on Joyce's Ulysses. Part I (Chapter 1-3) (a very first draft)* (Amsterdam: Van Gennep 1971), S. 10: „Stephen thinks of Saint John Chrysostomos“; C.H. Peake, *James Joyce. The Citizen and the Artist* (London: Edward Arnold 1977), S. 175: „glimpse into Stephen's mind“; Therese Fischer, *Bewußtseinsdarstellung im Werk von James Joyce. Von Dubliners zu Ulysses* (Frankfurt a.M.: Athenäum 1973), S. 134: „personales Segment“; Therese Fischer-Seidel, „Charakter als Mimesis und Rhetorik. Bewußtseinsdarstellung in Joyces ‚Ulysses‘“, in dies. (Hg.), *James Joyces ‚Ulysses‘. Neuere deutsche Aufsätze* (Frankfurt a.M.: Suhrkamp 1977), S. 309-343, hier S. 319: „Wechsel von außerpersonaler zu personaler Darstellung“. Nur Bernard Benstock, „Telemachus“, in Clive Hart / David Hayman (Hg.), *James Joyce's Ulysses. Critical Essays* (Berkeley: University of California Press 1974), S. 1-16, hier S. 2, stellt kategorisch, wenn auch ohne Begründung, fest, „Chrysostomos“ sei „the first instance of the use of the stream-of-consciousness technique in *Ulysses*.“

Ahnung, ein Ausbruch aus den herkömmlichen Konventionen warte seiner, zu erhöhter Aufmerksamkeit herausgefordert werden.

Die erste Passage, die eindeutig in Stephens Bewußtsein eindringt, folgt erst nach weiteren zwei Seiten und beginnt, nach Vorbereitung durch eine äußere Beschreibung Stephens, mit einer zusammenfassenden Beschreibung seiner Gemütslage durch den Erzähler: „Pain, that was not yet the pain of love, fretted his heart“[26]. Der nächste Satz bringt ein weiteres Vordringen in Stephens Bewußtsein durch die detaillierte Schilderung seiner (erinnerten) Sinneswahrnehmungen:

> Silently, in a dream she had come to him after her death [noch eindeutig zusammengefaßt durch den Erzähler], her wasted body within its loose brown graveclothes giving off an odour of wax and rosewood, her breath, that had bent upon him, mute, reproachful, a faint odour of wetted ashes.[27]

Eine gewisse Kontinuität beim Eintritt in Stephens Gedanken und Gefühle wird durch die vorbereitende Beschreibung des Verhaltens Stephens („gazed at the fraying edge of his shiny black coat-sleeve“[28]) und die

---

[26] Joyce, *Ulysses*, a.a.O., 11.34. – Benstock, „Telemachus“, a.a.O., S. 4, sieht dagegen gerade hier kaum noch einen Erzähler: „The narrative voice moves extremely close to Stephen's mind when it informs us that 'pain, that was not yet the pain of love, fretted his heart'“. Weldon Thornton, *Allusions in Ulysses. An Annotated List* (Chapel Hill: University of North Carolina Press [2]1968), S. 13, behauptet sogar, Stephen habe den Gedanken „in mind“. Das Gegenargument von Peake, *James Joyce*, a.a.O., S. 176, klingt allerdings überzeugender: „The word 'yet' implies the presence of an author who knows more than his character.“

[27] Joyce, *Ulysses*, a.a.O., 11.35-38.

[28] Ebd., 11.34 f.

Beibehaltung des auf den Erzähler bezogenen Tempus-Person-Gefüges gewährleistet.

Die nach kurzem Abstand folgende nächste bewußtseinsdarstellende Stelle wird ebenfalls vorbereitet („Stephen bent forward and peered at the mirror“[29]), macht aber durch das plötzliche Auftreten von erster Person und Präsens dem Leser deutlich, daß ein drastischer Perspektivenwechsel von der Erzählerfigur zur Reflektorfigur vollzogen wird – die Vollstufe des ‚interior monologue‘ ist erreicht: „As he and others see me“[30].

Diese kurze Passage bildet den Anfang eines sich ständig intensivierenden Gedankenganges Stephens, dessen Darstellung nach zwei weiteren kurzen Stellen („Parried again. [...] The cold steelpen“[31] und „Cranly's arm. His arm.“[32]) einen ausgedehnten Höhepunkt erreicht und in äußerst konzentrierter Pointierung endet: „To ourselves ... new paganism ... omphalos“[33].

Nach diesem vorläufigen Abschluß der Bewußtseinsdarstellung baut sie sich langsam wieder von neuem auf,

---

[29] Ebd., 12.31.

[30] Ebd., 12.32. – Erwin R. Steinberg, „Introducing the Stream-of-Consciousness Technique in Ulysses“, in *Style* 2 (Winter 1968), S. 49-58, der innerhalb der von uns als ‚interior monologue‘ bezeichneten Technik „soliloquy“ und „stream of consciousness“ unterscheidet (allerdings ohne deutlich zu machen, nach welchen Kriterien er trennt), sagt hierzu ebd., S. 50 f.: „But still there is nothing really unusual about the italicized sentences [von „As he“ bis „It asks me too“]. They are simply soliloquy. Stephen is talking, silently, to himself.“

[31] Joyce, *Ulysses*, a.a.O., 13.10 f.

[32] Ebd., 13.18. – Zum inhaltlichen Verständnis dieser Stelle vgl. James Joyce, *A Portrait of the Artist as a Young Man* (London: Granada 1977), S. 215-223, besonders S. 223: „Cranly seized his arm and steered him round so as to head back towards Leeson Park. He laughed almost slily and pressed Stephen's arm with an elder's affection.“

[33] Joyce, *Ulysses*, a.a.O., 13.24-36; hier 13.36.

wobei die Stufen der Intensivierung, wie wir sie zwischen „Pain“ und „omphalos“ beobachtet haben, sich in ähnlicher Weise wiederholen:

1. Vorbereitung: Erzähler zeigt Einsicht in Stephens innere Regungen[34];
2. Entwicklung: kurzer ‚interior monologue‘[35];
3. Höhepunkt: ausgedehnter ‚interior monologue‘[36];
4. Ende des Höhepunktes: stark konzentriertes Fazit[37].

Diese zweite Phase der Steigerung von Bewußtseinsdarstellung erfordert schon eine größere Aufmerksamkeit beim Leser, dem bei der ersten Phase relativ deutliche Zeichen gesetzt wurden: die vom Erzähler angebotenen Informationen über Stephens Inneres sind diesmal kürzer und unscheinbarer, verbergen sich teils sogar in Nebensätzen; nicht bei jeder Passage von ‚interior monologue‘ treten das „ich“ und das Präsens als Indikatoren auf; in die längste ‚interior-monologue‘-Passage sind Beiträge des Erzählers eingefügt.

Direkt vor dem Szenenwechsel wird noch einmal Bewußtsein dargestellt: angekündigt durch einen unscheinbaren Satz, der zunächst wie Erzählerbeschreibung aussieht und nur durch seine elliptische, für die Darstellung von Stephens Sinneseindrücken typische Satzstruktur

---

[34] Vgl. ebd., 14.12: „depressed by his own voice“; 15.3 f.: „shielding the gaping wounds which the words had left in his heart“; 15.12 f.: „Pulses were beating in his eyes, veiling their sight, and he felt the fever of his cheeks.“

[35] Vgl. ebd., 15.31-34: „White breast of the dim sea. Ebenso wie bei der ersten eindeutigen ‚interior-monologue‘-Stelle (Stephens Blick in den Spiegel) taucht auch hier als Auslöser der Bewußtseinsspiegelung das Wort „mirror“ auf: „Inshore and farther out the mirror of water whitened“ (ebd., 15.30 f.).

[36] Vgl. ebd., 15.36-16.32: „Fergus’ song: I sang it alone in the house, holding down the long dark chords. [...].“

[37] Vgl. ebd., 16.32: „No mother. Let me be and let me live.“

seine Begründung in der Reflektorperspektive erkennen läßt („Warm sunshine merrying over the sea“[38]), beschließen zwei kurze Monologstellen die auf dem Turm angesiedelte erste Szene mit Stephens unausgesprochenem Kommentar: „I am another now and yet the same. A server too. A server of a servant“[39].

Für diesen ersten Teil der Episode ergibt sich also die folgende Entwicklungsstruktur der Bewußtseinsdarstellung: einem kurzen „glimpse into Stephen's mind“[40] („Chrysostomos“), konzentriertes Fazit in sich selbst, folgen nach größerem Abstand zwei Phasen sich langsam verdichtender Bewußtseinsdarstellung, jeweils in einem konzentrierten Fazit endend, die wiederum nach gewissem Abstand einen Nachhall finden in kurzem, konzentriert endendem ‚interior monologue‘.

Weit weniger stark strukturiert sind die relativ wenigen bewußtseinsdarstellenden Passagen des Geschehens im Turm. Die erste solche, die erst nach über zwei Seiten auftritt, weitet sich gleich zum Höhepunkt der Szene aus.[41] Festzuhalten bleibt, daß anstelle der deutlichen Trennung zwischen Erzählerbericht und Reflektorbewußtsein zu Beginn der Episode hier eine starke Verschränkung von ‚interior monologue‘, Bewußtseinsdarstellung durch den Erzähler (dritte Person, Präteritum) und offenbar neutraler Schilderung des äußeren Geschehens zu beobachten ist. Dabei reicht die Skala sogar innerhalb eines Satzes von neutralem Schildern („He watched her pour [...]“[42]) bis zur Darstellung sehr subjektiven Bewußtseins („[...] rich white milk, not hers“[43]).

---

[38] Ebd., 17.26.

[39] Ebd., 17.31 f.

[40] Peake, *James Joyce*, a.a.O., S. 175.

[41] Vgl. Joyce, *Ulysses*, a.a.O., 20.8-19, 30-35.

[42] Ebd., 20.8.

[43] Ebd., 20.8 f.

Eine weitere Besonderheit dieser Passage ist das Fehlen einer erkennbaren, konzentrierten Essenz. Die Stelle läuft ohne besondere innere Spannung aus und führt zur äußeren Handlung, von der sie ihren Ausgang nahm, zurück.

Daneben gibt es in der Wohnraumszene nur noch zwei kurze ‚interior monologues'[44], die durch das „Agenbite-of-inwit"-Motiv verbunden sind. Eine Besonderheit der zweiten dieser Stellen wird noch zu erörtern sein.

Im Mittelpunkt des verbleibenden Teils der Episode steht ihre vierte zentrale bewußtseinsdarstellende Passage.[45] Hier ist von inhaltlicher Mitwirkung des Erzählers nichts mehr zu spüren, die ganze Passage spielt sich deutlich in Stephens Bewußtsein ab. Formal ist sie dagegen außerordentlich ambiguent: ‚interior monologue' ist nicht eindeutig feststellbar.[46]

Der Absatz beginnt mit Einsicht in Stephens Gedanken durch den Erzähler: „The proud potent titles clanged over Stephens's memory the triumph of their brazen bells"[47]. Es folgt offenbar erlebte Rede („like his own rare thoughts"[48])

---

[44] Vgl. ebd., 22.18 f. und 23.16-18.

[45] Vgl. ebd., 27.6-23. – Wenn hier von vier zentralen Passagen der Bewußtseinsdarstellung gesprochen wird, so meint das nicht nur, daß diese Passagen länger sind als die übrigen. Auch hinsichtlich ihrer inhaltlichen Problematik sind sie von besonderer Bedeutung, denn hier setzt sich Stephen mit jenen vier Instanzen auseinander, die ihn vereinnahmen möchten: mit Buck Mulligan (ebd., 13.10-36), der toten Mutter (ebd., 15.36-16.32), dem Vaterland Irland (ebd., 20.9-19, 30-75) und der Kirche (ebd., 27.6-23).

[46] Peake, *James Joyce*, a.a.O., S. 177, reiht diesen Abschnitt demgegenüber in seine Aufzählung von „passages of interior monologue of any length" ein – auch hier fehlt allerdings eine Begründung dafür.

[47] Joyce, *Ulysses*, a.a.O., 27.6 f.

[48] Ebd., 27.8 f. – Zur erlebten Rede als Technik der Bewußtseins- und Gesprächsdarstellung vgl. die ebenso gründliche wie verläßliche Darstellung von Günter Steinberg, *Erlebte Rede. Ihre Eigenart und ihre Formen in neuerer deutscher, französischer und englischer*

und anschließend ein Passus, der durch das Fehlen sowohl von Tempus als auch von Rückbezug auf die Reflektorfigur ambiguent bleibt („Symbol of the apostles [...]. A horde of heresies fleeing with mitres awry“[49]). Zweimaliges Präteritum, das danach auftritt, bleibt ebenfalls zweideutig („the brood of mockers of whom Mulligan was one“[50]; „Sabellius who held that the Father was Himself His own Son“[51]). Nach einem Satz, der mit Sicherheit erlebte Rede ist („Words Mulligan had spoken a moment since [...]“[52]), folgt eine Passage im Präsens:

> The void awaits surely all them that weave the wind: a menace, a disarming and a worsting from those embattled angels of the church, Michael’s host, who defend her ever in the hour of conflict with their lances and their shields.[53]

Die Deutung als ‚interior monologue‘ drängt sich auf, kann jedoch auch hier noch keine letzte Sicherheit erfahren.[54]

Erzählliteratur (Göppingen: Kümmerle 1971). Vgl. auch Stanzel, *Theorie des Erzählens*, a.a.O., S. 246 f.

49 Joyce, *Ulysses*, a.a.O., 27.9-13.

50 Ebd., 27.13 f. – Mögliche Deutungen: 1. Stephen hält Mulligan allgemein (d.h. mit Gebrauch des Präsens) für einen „mocker“; demnach handelte es sich um erlebte Rede. 2. Stephen meint nur, Mulligan sei kurz zuvor ein „mocker“ gewesen (also Gebrauch des Präteritum); in diesem Fall läge ‚interior monologue‘ vor.

51 Ebd., 27.16 f. – Die kirchengeschichtliche Figur Sabellius legt nahe, daß Stephen von dessen Thesen unter Gebrauch des Präteritum denkt, daß also die Textstelle ‚interior monologue‘ sei. Es ist jedoch ebensogut möglich, daß er von Sabellius und dessen Annahmen, die wohl als im theologischen Unterricht präsent anzunehmen sind, als etwas Gegenwärtigem (d.h. im Präsens) denkt – demnach wäre die Textstelle in erlebte Rede umgesetztes Bewußtsein.

52 Ebd., 27.17 f.

53 Ebd., 27.18-22.

54 Es mag sich möglicherweise doch um erlebte Rede handeln, wenn. man annimmt, daß die Aussagen wegen ihres Ewigkeitsanstriches („ever“) vom Erzähler, der Stephens stumme Rede erlebt, als im-

Der Abschluß der Passage bringt wieder, ähnlich den ersten beiden zentralen Bewußtseinsdarstellungen, ein Maximum an Intensität: „Hear, hear. Prolonged applause. *Zut! Nom de Dieu!*“[55]

Neben dieser Zentralstelle finden sich im letzten Teil der Episode noch mehrere kurze, teils extrem kurze, Stellen von Bewußtseinsdarstellung[56], die im einzelnen hier nicht mehr erörtert werden sollen. Diese Stellen, die sich um die erwähnte Zentralstelle herum und besonders am Ende der Episode häufen, bleiben wegen ihrer elliptischen Form, bei der Tempus und Bezeichnung der Reflektorfigur in erster oder dritter Person als Indikatoren entfallen, zumeist erzähltechnisch unbestimmt.

Insgesamt ergibt sich für die Verteilung der Bewußtseinsdarstellung in der „Telemachus“-Episode damit folgendes Bild:

1. Im ersten Teil der Episode sind Bewußtseinsdarstellung durch Erzählerbericht und Bewußtseinsdarstellung durch ‚interior monologue‘ deutlich voneinander getrennt und durch erzähltechnische Mittel eindeutig als der ersten oder der zweiten dieser Formen zugehörig gekennzeichnet. Die Entwicklung des ‚interior monologue‘ aus dem Erzählerbericht wird zweimal stufenweise vorgeführt.

2. Im zweiten Teil verzahnen sich Stephens ‚interior monologue‘ und der offenbar neutrale Erzählerbericht zunehmend, bleiben jedoch meist noch unterscheidbar.

---

mergültige Wahrheiten angesehen und im ursprünglichen Tempus belassen werden, wie es die englische Sprache ja auch bei der Übertragung direkter in indirekte Rede erlaubt.

55 Ebd., 27.23.

56 Vgl. ebd., 24.32-36, 26.21-25, 26.34, 27.34-36, 29.12, 29.19, 29.23-27, 29.29-31.

3. Im abschließenden Teil verschmilzt die Bewußtseinsdarstellung überwiegend zu erzähltechnisch ambiguenten elliptischen Strukturen. Eindeutiger ‚interior monologue', der im ersten Teil dem Leser durch auffallende äußerliche Mittel (Wechsel von Tempus und Person) noch den Eintritt ins Bewußtsein deutlich machte, wird nun selten; Bewußtseinspassagen müssen zunehmend durch inhaltliche und stilistische Besonderheiten als solche erkannt werden.

Eine verdeutlichende Übersicht über die Verteilung der Bewußtseinsdarstellung gibt die folgende Tabelle (ambiguente Stellen sind darin mit „(X)" gekennzeichnet):

Stelle	Stephen = „he"	Präteritum	Ellipse	Präsens	Stephen = „I"
9.27			(X)		
11.34-12.5	X	X			
12.32 f.			X	X	X
13.10-36			X	X	X
14.12	X	X			
15.3 f.	X	X			
15.12 f.	X	X			
15.31-34			(X)		
15.36-16.32			X	X	X
(16.21-24)	X	X			
17.26			(X)		
17.27 f.					X
17.31 f.			X	X	X
		17.32 f.: Szenenwechsel			
20.9-19	X	X	X	X[57]	
20.30-35			X	X	X
22.18 f.		X			
23.16-18			X	X	Buck = I

[57] Zu erschließen über ebd., 20.14: „They lowed about her [...]" – für Stephen Vergangenheit. Für den Erzähler müßte es sich um Vorvergangenheit handeln.

		23.28-30: Szenenwechsel			
24.32 f.	X	X			
24.35 f.			(X)		
26.21-25			X	X	X
26.34			(X)		
27.7-23		?	(X)	?	
27.34-36			X	X	X
29.12			(X)		
29.19			(X)		
29.23-27			X	X	X
29.29-31			(X)		
Tendenz:		→	(X)	←	

‚telling‘ und ‚showing‘ in der Bewußtseinsdarstellung

Innerhalb der Episode als äußerem Rahmen läßt sich der ‚interior monologue‘ der Grundkategorie ‚showing‘ und eine Zusammenfassung des Bewußtseinsinhalts durch den Erzähler der Kategorie ‚telling‘ zuordnen, wobei die (in der Episode in Reinform nahezu nicht vorkommende) erlebte Rede eine Zwischenstellung innehat. Der Terminus ‚showing‘ meint, daß ein Bewußtseinsinhalt der Reflektorfigur ohne Bearbeitung in die Darstellung übernommen wird. Da die Darstellung sprachlichen Charakter hat, lassen sich unter der Kategorie ‚showing‘ auch nur Bewußtseinsinhalte vermitteln, die die sprachliche Stufe erreicht haben.

Stephens Bewußtseinsinhalte lassen sich grob in Reflexionen und Wahrnehmungen aufgliedern (die bei Stephen sehr wichtigen Assoziationen können dabei als imaginierte Wahrnehmungen aufgefaßt werden). Daß Reflexionen als intellektuell gesteuerte mentale Vorgänge sich sprachlich vollziehen und daher meist in ‚interior monologue‘ wiedergegeben werden, erscheint durchaus plausibel. Die Spiegelung von Wahrnehmungen im

‚interior monologue‘ will dagegen schon vorsichtiger gehandhabt sein, soll sie nicht unrealistisch oder aufgesetzt wirken: Sinneswahrnehmungen dürften beim Durchschnittsmenschen normalerweise nicht sprachlich fixiert werden. Dennoch finden wir in Stephens ‚interior monologue‘ häufig Wahrnehmungen, ohne daß der Eindruck der Plausibilität grob gestört würde. Dies gelingt dem Autor im wesentlichen durch drei Kunstgriffe:

1. Wahrnehmungen werden zwar in Sprache, aber nicht in vollständige Sätze gekleidet – elliptische Ausdrücke werden aufgereiht, wodurch der Anschein unsystematisch gesammelter Eindrücke entsteht[58];
2. Wahrnehmungen werden fast nie pur, sondern als präformierte Wahrnehmungen[59] Stephens wiedergegeben, was impliziert, Stephen besitze eine besonders feinfühlige Auffassungsgabe und sei in der Lage, jeden auf ihn einströmenden Sinnesreiz sogleich in stets bereite verbale Formen zu kleiden, wobei diese bereitstehenden Muster häufig aus literarischen (also verbal feststehenden) Kontexten stammen[60];
3. die in den ‚interior monologue‘ aufgenommenen Wahrnehmungen beschränken sich auf solche visueller oder allenfalls noch auditiver Natur[61] –

---

[58] Vgl. als Beispiel ebd., 16.26-28: „The ghostcandle to light her agony. Ghostly light on the tortured face. Her hoarse loud breath rattling in horror, while all prayed on their knees. Her eyes on me to strike me down.“

[59] Vgl. Fischer, *Bewußtseinsdarstellung im Werk von James Joyce*, a.a.O., S. 129.

[60] Vgl. als Beispiel Joyce, *Ulysses*, a.a.O., 15.31 f.: „White breast of the dim sea“ – ein Zitat aus dem zuvor ertönten Yeats-Gedicht „Who goes with Fergus?“.

[61] Ausnahme: „Cranly's arm. His arm“ (ebd., 13.18). Hier handelt es sich um eine Tastempfindung, allerdings um eine aus der Sicht von Stephens Psyche sehr intensive (vgl. Anm. 32).

dies sind diejenigen, die der Mensch als Augentier am intensivsten wahrnimmt und am ehesten reflektiert.

Im Bewußtsein Stephens können nicht nur gegenwärtige Wahrnehmungen erscheinen, sondern auch erinnerte, die im Prinzip wie gegenwärtige behandelt werden. Eine Besonderheit stellen Erinnerungen an Gesagtes, d.h. an Wahrnehmung von Sprache, dar. Solche erinnerten Wahrnehmungen können, wie auch alle anderen, vom Erzähler zusammengefaßt werden (Kategorie ‚telling‘)[62], doch bietet sich hier natürlich die Möglichkeit, Wahrnehmungen ohne Verfälschung (die ja bei der Reduktion außersprachlicher Phänomene auf Sprache unvermeidbar ist) und dennoch auf sprachlicher Ebene wiederzugeben, indem das Gesagte einfach wiederholt wird. Hier eröffnen sich neue Einblicke in die ‚telling‘/‚showing‘-Distinktion, wie an einem Beispiel gezeigt werden soll:

> Agenbite of inwit. God, we'll simply have to dress the character. I want puce gloves and green boots. Contradiction. Do I contradict myself? Very well then, I contradict myself. Mercurial Malachi. A limp black missile flew out of his talking hands.[63]

Die Passage ist, mit Ausnahme des letzten Satzes, ‚interior monologue‘ Stephens. Innerhalb dieses ‚interior monologue‘ (Dorrit Cohn sagt „quoted monologue“[64]) ist alles außer „Agenbite of inwit“ und „Mercurial Malachi“ augenscheinlich ein Zitat Buck Mulligans[65], der die beiden

---

[62] Vgl. als Beispiel ebd., 27.17: „Words Mulligan had spoken“.

[63] Ebd., 23.16-19.

[64] Vgl. Anm. 12 und 13.

[65] Vgl. Vreeswijk, *Notes on Joyce's Ulysses*, a.a.O., S. 42: „between 'Agenbite of inwit' and 'Mercurial Malachi', Stephen is reminding himself of some of Mulligan's sayings“.

Sätze „Do I contradict myself? Very well then, I contradict myself“ wiederum von dem amerikanischen Dichter Walt Whitman übernommen hat[66].

Auf der Ebene des Erzählers (also innerhalb der Episode) ist der Satz, der mit „A limp black missile“ beginnt, ‚telling‘, der Rest ‚showing‘. Auf der Ebene von Stephens Bewußtsein (also innerhalb des ‚interior monologue‘) stellen „Agenbite of inwit“ und „Mercurial Malachi“ einen Kommentar (d.h. ein *narratives* Element) zu dem dazwischen *Gezeigten* dar. Auf der Ebene Stephens lassen sich also ‚showing‘ und ‚telling‘ von neuem zuordnen, ebenso auf denen Mulligans und Whitmans:

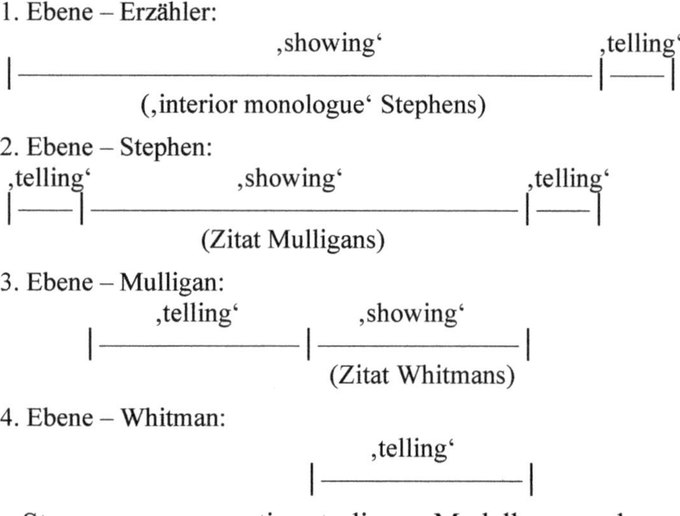

Strenggenommen stimmt dieses Modell nur solange, wie angenommen werden darf, daß der von einer Ebene zur nächsten übernommene Bestandteil nicht verändert wird. Dem ist jedoch zumindest an zwei Stellen nicht so:

---

66 Vgl. ebd., S. 43; Thornton, *Allusions in Ulysses*, a.a.O., S. 22; Don Gifford / Robert J. Seidman, *Notes for Joyce. An Annotation of James Joyce's Ulysses* (New York: Dutton 1974), S. 13.

1. In Whitmans Gedicht steht kein Komma zwischen „then“ und „I“.[67]

2. Es mag sein, daß Mulligan die ihm von Stephen zugeschriebenen Sätze vor Einsetzen des in *Ulysses* dokumentierten Geschehens tatsächlich so gesagt hat. Naheliegender scheint jedoch, daß Stephen nur Mulligans „I'm inconsequent“[68] im Sinn hat und sich die Freiheit nimmt, seinen eigenen literarischen Ambitionen entsprechend diese Vorlage auszuformen.[69]

Konsequenz dieser Überlegungen muß die Einsicht sein, daß vorgeblich authentische Zitate vom Vermittler als der übergeordneten Instanz verfälscht oder gar frei imaginiert sein können. Demnach wäre für die ‚telling‘/‚showing‘-Distinktion zu folgern, daß beide Kategorien als (zumindest potentiell) vom übergeordneten Vermittler arrangiert und daher unter dessen Verantwortung stehend aufgefaßt werden müssen – ein Verweis auf die Vermitteltheit letztlich des ganzen Romans.

---

67 Vgl. Walt Whitman, „Song of Myself“, in ders., *Complete Poetry & Selective Prose And Letters*, hg. v. Emory Holloway (London: Nonesuch Press o.J.), S. 26-85, hier 51. Strophe, Vers 6 f. – Die Einfügung des Kommas kann selbstverständlich auch auf der Ebene des Autors vorgenommen worden sein.

68 Joyce, *Ulysses*, a.a.O., 15.22.

69 Seine Fähigkeiten, Szenen und Geschehnisse, die er selber nur vom Hörensagen kennt, minuziös nachzustellen, stellt Stephen am Beispiel der „Young shouts of moneyed voices in Clive Kempthorpe's rooms“ (ebd., 13.24-31) unter Beweis. Zu dieser Stelle vgl. Fischer, *Bewußtseinsdarstellung im Werk von James Joyce*, a.a.O., S. 142: „Stephen, der diese Szene nicht selbst erlebt hat – er hat nie in Oxford [der Örtlichkeit, an der der Scherz spielt] studiert – imaginiert den wohl von Buck berichteten geschmacklosen Ulk, den reiche englische Studenten mit einem Iren, Clive Kempthorpe, sich erlaubten.

Stadien der Wirklichkeitsveränderung im ‚interior monologue': Akzentuierung – Subjektivierung – Etablierung von Motiven

Der Erzähler der „Telemachus"-Episode ist, trotz der noch festzustellenden Tendenz zur zumeist impliziten Wertung, offenbar bemüht, die Aufgabe des Berichterstatters möglichst umfassend und lückenlos zu erfüllen. Der unvorbereitete (und unvorbelastete) Leser wird mit einer Fülle von Informationen konfrontiert, ohne daß der Erzähler andeutet, „welche von vielen potentiellen Einzelheiten mehr Beachtung verdienen als andere"[70]. Eine starke Akzentuierung dessen, was für das Verständnis der folgenden Episoden von Wichtigkeit ist, ist im Reflektorbewußtsein auszumachen. So erfahren bestimmte Vorgänge, die im Erzählerbericht zwar genannt und geschildert werden, denen darin aber keine besondere Bedeutung zugemessen wird, eine deutliche Aufwertung durch das ihnen zugewandte Reflektorbewußtsein.

Gegen Ende der Episode wird berichtet, wie Mulligan sich von Stephen den Schlüssel geben läßt.[71] Für sich allein ist diese Stelle recht unscheinbar. Sie würde dem Leser vermutlich relativ unwichtig erscheinen, hätte das Reflektorbewußtsein sie nicht schon vorher akzentuiert:

> He wants that key. It is mine, I paid the rent. Now I eat his salt bread. Give him the key too. All. He will ask for it. That was in his eyes.[72]

---

[70] Fritz Senn, *Das Abenteuer Ulysses. Beschwichtigung*, Beilage zu James Joyce, *Ulysses*, üb. v. Hans Wollschläger (Frankfurt a.M.: Suhrkamp 1979), S. 3 der Beilage.

[71] Joyce, *Ulysses*, a.a.O., 29.7-10.

[72] Ebd., 26.23-25.

Bereits im Hervorheben bestimmter Umstände aus dem Kontext wird die Geschehenswirklichkeit verändert: die damit aufgestellte Hierarchie des Dargestellten ist Ausdruck einer Subjektivierung.

Ein weiteres Beispiel für einen an sich unbedeutenden Teil des dargestellten Geschehens, dem erst das Reflektorbewußtsein des ‚interior monologue' Bedeutung verleiht, ist die vom Erzähler nur am Rande erwähnte Suche nach einem Ertrunkenen. Stephens ‚interior monologue' signalisiert, daß hier ein wichtiges Motiv versteckt ist:

> The man that was drowned. A sail veering about the blank bay waiting for a swollen bundle to bob up, roll over to the sun a puffy face, salt white. Here I am.[73]

Das Moment der Subjektivierung wird durch die Feststellung „Here I am" besonders deutlich. Stephen bezieht die äußere Wirklichkeit stets auf sich und seine subjektive Erfahrungswelt, die Wahrnehmungen sind präformiert. Als ständige Bezugsrahmen sind dabei vor allem zwei Ebenen hervorzuheben:

1. der Tod der Mutter als hervorstechende persönliche Erfahrung[74];
2. Stephens Bildung, insbesondere durch literarische und theologische Denkmuster bestimmt, als ständig präsenter Hintergrund[75].

---

[73] Ebd., 27.34-36.

[74] So assoziiert Stephen beispielsweise mit dem „imperial British state" (ebd., 26.37) nicht den gegenwärtigen Monarchen, Edward VII, sondern offenbar Queen Victoria, die bereits seit über drei Jahren nicht mehr lebt: „A crazy queen, old and jealous" (ebd., 26.34). Die tote Königin wird durch das Motiv des Niederkniens mit der toten Mutter verbunden: „Kneel down before me" (ebd., 26.34).

Dadurch, daß äußere Wahrnehmungen mit diesen bereits vorgeformten Bewußtseinsinhalten Stephens in Beziehung gesetzt werden, kann eine Vielzahl von Motiven nicht nur eingeführt, sondern auch miteinander verknüpft und zu einem komplexen Gefüge von Motiven verdichtet werden. Die Motive haben dabei subjektiven Charakter, sie werden stets durch das Reflektorbewußtsein etabliert.[76] So steht etwa das Meer nicht für eine lebensspendende „great sweet mother"[77] wie bei Swinburne oder Homer. Es ist statt dessen, ausgehend von Stephens Assoziation des Meereswassers mit der Gallenmasse der sterbenden Mutter, durchgängig Sinnbild für Stephens Ängste, seine Gewissensbisse, für Tod und Bedrohung – kein Wunder also, daß er eine Abneigung gegen Wasser zeigt[78]. Das Meer ist für Stephen nicht „sweet", sondern „a bowl of

---

75 Man denke nur an die Einordnung Buck Mulligans in die Kirchengeschichte: „the brood of mockers of whom Mulligan was one" (ebd., 27.13 f.).

76 Peake, *James Joyce*, a.a.O., S. 177, sagt zutreffend von den ‚interior-monologue'-Passagen: „they also establish a number of motifs and symbols which, later in the book, can stand for whole areas of his experience, obsessive emotions, and recurring ideas – the dream of the mother, the self-contempt in the word 'dogsbody', Fergus's song, the Latin prayer for the dying, the notion of the *dio boia* or 'chewer of corpses', the awareness of change and permanence in the self ('I'm another now and yet the same'), the old woman symbolizing Ireland, 'Agenbite of inwit', the key, the doctrine of the consubstantiality of Father and Son, the fear of drowning, and the image of himself as one dispossessed by a usurper". Die von Peake gemeinten Schlüsselstellen sind (in der Reihenfolge ihrer Nennung) Joyce, *Ulysses*, a.a.O., 11.35-38, 12.33, 15.36, 16.28-30, 16.31, 17.31 f., 20.15, 22.18 und 23.26, 26.23, 27.14 f., 27.34-36, 29.31.

77 Ebd., 11.11 f.

78 Vgl. ebd., 22.11 („washing once a month") und 22.18 („They wash and tub and scrub. Agenbite of inwit").

bitter waters“[79], nicht weindunkel[80], sondern „salt white“[81]. Erst vor diesem Hintergrund wird das besonders starke Anwachsen der Aversion Stephens gegen Buck am Ende der Episode (besonders „Usurper“[82]) nachvollziehbar: Buck Mulligan befindet sich im Wasser, das zwar Stephen, nicht aber Buck etwas anhaben kann.[83] Damit wird Mulligan mit dem Stephen bedrohenden Komplex Tod konnotiert.[84]

Erzählhaltung in der „Telemachus“-Episode

Wertung durch den Erzähler

Den Erzähler, der sich zu Anfang der Episode zurückhaltend gibt, haben wir dort als Funktion bezeichnet. Dennoch ist seine Haltung auch hier nur scheinbar wertneutral: einige Verben und vor allem Adjektive implizieren eine Beurteilung Buck Mulligans durch den Berichterstatter.[85] Schon auf der ersten Seite wertet er zudem explizit durch einen Vergleich, der aus einem deutlich nicht zum geschilderten Geschehen gehörenden Bereich entliehen ist:

---

[79] Ebd., 15.36.

[80] Vgl. ebd., 11.9 f.: *„Epi oinopa ponton.“*

[81] Ebd., 27.36.

[82] Ebd., 29.31.

[83] Vgl. ebd., 10.31 f. (Stephen zu Buck): „You saved men from drowning. I'm not a hero, however.“

[84] Vgl. auch die Verknüpfung Mulligans mit dem Todesmotiv über den Schnitter Matthew Arnold ebd., 13.33-35 (diese Assoziation wird in Stephens Bewußtsein durch Mulligan ausgelöst): „A deaf gardener, aproned, masked with Matthew Arnold's face, pushes his mower on the sombre lawn watching narrowly the dancing motes of grasshalms.“

[85] Vgl. ebd., 9.1 („Stately, plump“), 9.7 („coarsely“), 9.13 („gurgling in his throat“), 9.15 („equine“).

> The plump shadowed face and sullen oval jowl recalled a prelate, patron of arts in the middle ages.[86]

Bereits hier wird deutlich, daß es sich um einen über ein Vorwissen und ein Bewußtsein verfügenden, also persönlichen Erzähler handelt.

Weitere Stellen verhaltenen, doch erkennbaren Erzählerkommentars finden sich insbesondere gegen Ende der Episode:

> He [= Buck] looked at them, his wellshaped mouth open happily, his eyes, from which he had suddenly withdrawn all shrewd sense, blinking with mad gaiety.[87]

> He capered before them towards the fortyfoot hole, flattering his winglike hands, leaping nimbly, Mercury's hat quivering in the fresh wind that bore back to them his brief birdlike cries.[88]

> A young man clinging to a spur of rock near him [Buck] moved slowly frogwise his green legs in the deep jelly of the water.[89]

Diese und andere Stellen zeigen, daß sich hinter der Mittlerfunktion des Erzählers ein Erzählerbewußtsein, eine

---

[86] Ebd., 9.32-34.

[87] Ebd., 25.4-7.

[88] Ebd., 25.26-28. – Auffällig an diesen beiden Beispielen sind zum einen die (durch ihre Abhängigkeit vom übergeordneten vollständigen Satz zu Partizipialkonstruktionen erstarrten) gereihten elliptischen Ausdrücke – den Stephens Wahrnehmungen wiedergebenden Ellipsen des ‚interior monologue' nicht unähnlich –, zum anderen der zunächst deplaciert erscheinende Name „Mercury" – ebenfalls aus dem ‚interior monologue' als Bezeichnung für Mulligan bekannt. Hier deutet sich die Verschränkung von Erzähler- und Reflektorbewußtsein an, die im folgenden nachgewiesen werden soll.

[89] Ebd., 28.1-3.

Erzählhaltung verbergen. Zu klären bleibt das Verhältnis dieses Erzählerbewußtseins zum Reflektorbewußtsein, wozu die Analyse narrativer Darstellung von Wahrnehmungsprozessen bei den einzelnen Charakteren hilfreich ist.

Schilderung von Sinneswahrnehmungen

Der Erzähler schildert häufig Wahrnehmungsprozesse der Charaktere, wobei Indikatoren dafür zumeist Verben sinnlicher Wahrnehmung sind („looked", „watched", „felt" etc.), seltener Substantive („watcher"[90], „gaze"[91], „odour"[92]). Die Verben sinnlicher Wahrnehmung können aufgeschlüsselt werden in:

1. Verben, die eine äußerliche (d.h. gestische oder mimische) Wahrnehmungserwartung oder -reaktion des Wahrnehmenden ausdrücken, z.B. „feel" (im Sinne von *be*fühlen), „watch", „look", „gaze";

2. Verben, die eine innere (d.h. nur für den Wahrnehmenden selbst feststellbare) Qualität der Wahrnehmung ausdrücken, z.B. „feel" (im Sinne von fühlen), „see", „hear", „smell".

Die zweite dieser beiden grundsätzlichen Möglichkeiten zur Schilderung von Wahrnehmungsprozessen kann, strenggenommen, nur ein Erzähler nutzen, der Einsicht in den Wahrnehmenden hat.

In der „Telemachus"-Episode tritt eine innere Schilderung von Wahrnehmung nur bei Stephen auf, während bei den anderen Charakteren (vordringlich Buck, vereinzelt Haines, außerdem zwei Schaulustige) ausschließ-

---

[90] Ebd., 9.31.
[91] Ebd., 12.21.
[92] Ebd., 16.22.

lich die äußerliche Komponente geschildert wird.[93] Ein Beispiel mag ausreichen, diese Beobachtung zu verdeutlichen:

> Stephen turned and saw that the cold gaze which had measured him was not at all unkind.[94]

Der Wahrnehmungsprozeß von Haines (ihm gehört der „cold gaze") wird von außen, aus Stephens Perspektive, geschildert. Stephens Wahrnehmung dagegen erleben wir von innen: wir erfahren, daß er nicht nur etwas *beobachtet*, sondern das Betrachtete tatsächlich *sieht*.

Noch deutlicher wird der Unterschied zwischen Stephen und den übrigen Figuren, wenn man untersucht, was geschilderten Wahrnehmungsprozessen unmittelbar nachfolgt. Hier sind drei grundsätzliche Möglichkeiten zu unterscheiden:

1. die Darstellung konzentriert sich auf äußerlich erkennbares Verhalten des Wahrnehmenden, d.h. auf seine äußere Erscheinung (Personenbeschreibung), seine nonverbale Aktion (Geschehensschilderung) oder seine verbale Aktion (Dialog);
2. die Darstellung konzentriert sich auf das wahrgenommene Objekt;
3. die Darstellung geht in Bewußtseinsdarstellung über.

---

93 Eine Ausnahme bleibt festzuhalten: „catching sight of Stephen Dedalus, he [= Buck] bent towards him" (ebd., 9.11-12). „sight" ist wohl eine innere Wahrnehmungskomponente. Dieser Umstand scheint der These von Benstock, „Telemachus", a.a.O., S. 2, rechtzugeben, derzufolge der Erzähler zu Beginn der Episode aus Mulligans Sicht berichtet und erst beim Erscheinen Stephens auf dem Turm zu dessen Perspektive übergeht.

94 Joyce, *Ulysses*, a.a.O., 26.27 f.

Auf die Schilderung von Stephens Wahrnehmungen folgt ausnahmslos eine Beschreibung des wahrgenommenen Objekts oder eine Darstellung seines Bewußtseins. Wird dagegen eine Wahrnehmung eines der übrigen Charaktere geschildert, so folgt die Konzentration auf das wahrnehmende Subjekt.[95]

Auch hierzu ein besonders deutliches Beispiel:

> He [= Buck] skipped off the gunrest and looked at his watcher [= Stephen], gathering about his legs the loose folds of his gown.[96]

Sowohl Mulligan als auch Stephen nehmen ihr jeweiliges Gegenüber visuell wahr – geschildert wird durch den Erzähler anschließend jedoch das, was Stephen sieht: Buck Mulligan.

---

[95] Zwei Unregelmäßigkeiten sollen nicht verschwiegen werden:
1. „They [= Stephen und Buck] halted, looking towards the blunt cape of Bray Head that lay on the water like the snout of a sleeping whale" (ebd., 14.3 f.). Diese Stelle wäre für Stephen, nicht jedoch für Buck typisch: auf die Nennung des Objekts der Wahrnehmung („the blunt cape of Bray Head") folgt eine Beschreibung dieses Objektes. Wichtig für die Entscheidung für Subjekt- oder Objektbeschreibung scheint also Stephens Mitwirkung an der Wahrnehmung zu sein, er muß nicht der einzige Wahrnehmende sein.
2. „The seas' ruler, he [= Haines] gazed southward over the bay, empty save for the smokeplume of the mailboat, vague on the bright skyline, and a sail tacking by the Muglins" (ebd., 24.36-38). Hier folgt bei einer Wahrnehmung Haines' auf die Nennung des Objektes („the bay") eine eingehende Beschreibung dieses Objekts und nicht, wie zu erwarten, des Schauenden. Analog zur oben aufgeführten ersten Unregelmäßigkeit ist daraus zu schließen, daß Stephen Haines' Blicken folgt und selbst auch auf das Meer hinausblickt, ohne daß der Erzähler dies erwähnt. Diese These könnte dadurch erhärtet werden, daß in einem späteren ‚interior monologue' Stephens (ebd., 27.34) das Motiv „a sail" erneut auftritt – möglicherweise ein Element mit für die Perspektive kontinuitätsschaffender Funktion.

[96] Ebd., 9.31 f.

Im folgenden Stellenverzeichnis der auktorialen Schilderung von Sinneswahrnehmungen sind die Belege für die Beobachtungen aufgeführt:

Stelle	Indikator	Wahrnehmender	Qualität	Folge[97]
9.6	peered	Buck	äußerlich	Subjekt
9.11	sight	Buck	innerlich	Subjekt
9.15	looked	Stephen	äußerlich	Objekt
9.18	peeped	Buck	äußerlich	Subjekt
9.25	peered	Buck	äußerlich	Subjekt
9.31	looked	Buck	äußerlich	Subjekt
9.31	watcher	Stephen	äußerlich	Objekt
10.5	watching	Stephen	äußerlich	Objekt
10.33	frowned	Buck	äußerlich	Subjekt
11.6	gazed	Buck	äußerlich	Subjekt
11.14	looked	Stephen	äußerlich	Objekt
11.17	eyes	Buck	äußerlich	Subjekt
11.33	gazed	Stephen	äußerlich	Bewußtsein
11.38	saw	Stephen	innerlich	Objekt
12.19	felt	Buck	äußerlich	-
12.21	gaze	Stephen	äußerlich	Objekt
12.31	peered	Stephen	äußerlich	Obj.+Bewußts.
12.37	peering	Stephen	äußerlich	-
14.3	looking	Buck + Stephen	äußerlich	Objekt
14.9	looked	Buck	äußerlich	Subjekt
14.15	frowned	Buck	äußerlich	Subjekt
15.11	gazing	Stephen	äußerlich	Objekt
15.12	sight	Stephen	innerlich	Bewußtsein
15.13	felt	Stephen	innerlich	-
15.30	gazed	Stephen	äußerlich	Objekt
17.1	heard	Stephen	innerlich	Objekt
17.29	feeling	Stephen	innerlich	▼
17.30	smelling	Stephen	innerlich	Bewußtsein

[97] Subjekt = Verhalten des Wahrnehmenden wird dargestellt; Objekt = wahrgenommenes Objekt wird beschrieben; Bewußtsein = Ubergang in das Reflektorbewußtsein.

17.32 f.: Szenenwechsel

19.13	looking	Haines	äußerlich	-
20.8	watched	Stephen	äußerlich	Obj.+Bewußts.
20.30	listened	Stephen	äußerlich	Bewußtsein
		21.28-30: Szenenwechsel		
23.34	heard	Stephen	innerlich	Objekt
24.3	surveyed	Haines	äußerlich	Subjekt
24.32	saw	Stephen	innerlich	Obj.+Bewußts.
24.36	gazed	Haines	äußerlich	Objekt
25.5	looked	Buck	äußerlich	Subjekt
26.27	saw	Stephen	innerlich	Objekt
26.27	gaze	Haines	äußerlich	Subjekt
27.27	watching	two men	äußerlich	Subjekt
28.14	glancing	Buck	äußerlich	Subjekt
28.31	feeling	Buck	äußerlich	Subjekt

Bei Sinneseindrücken Stephens wird also stets das Objekt, das er wahrnimmt, oder sein durch diese Wahrnehmung beeinflußtes Bewußtsein dargestellt. Bei Sinneseindrücken der übrigen Charaktere wird dagegen herausgestellt, wie die Wahrnehmenden während des oder nach dem Akt des Wahrnehmens auf einen anwesenden Beobachter, also auch auf Stephen, wirken. Mit anderen Worten: die Perspektive des Erzählers ist in all diesen Fällen die Perspektive Stephens.

Verschränkung von Erzähler- und Reflektorbewußtsein

Dem Erzähler der „Telemachus“-Episode ist, wie andeutungsweise gezeigt wurde, ein wertendes Erzählerbewußtsein zuzuordnen. Diesem Erzählerbewußtsein wohnt eine starke Affinität zum Bewußtsein der Reflektorfigur inne, da mit Hilfe der Darstellung sinnlicher Wahrnehmungen die Kongruenz von Erzähler- und Reflektorperspektive nachgewiesen werden konnte. Es muß daher davon ausgegangen werden, daß der Geschehensdarstellung durch den Erzähler das gleiche Urteils- und Bewertungssystem implizit zugrundeliegt, das in der Darstellung des Reflektorbewußtseins explizit zum Ausdruck kommt. Unter dieser Annahme liegt nahe, daß Partikel, die dem Reflektorbewußtsein entstammen oder zumindest entsprechen, vermittelt werden, ohne entweder als Bewußtseinsdarstellung oder als Erzählerkommentar gekennzeichnet zu sein. Theoretisch ist es gar möglich, den gesamten Geschehensablauf als durch Stephens Brille gesehen aufzufassen.

Narrative Elemente, die eine Tendenz zur Bewertung enthalten, sind vornehmlich in jenen überaus häufigen Partizipialkonstruktionen, meist mit eigenem Subjekt, zu finden, die für sich aussagekräftigen Sätzen – nicht selten reihenhaft – angegliedert sind. Bei Trennung von den ihnen übergeordneten Sätzen zeigen diese Konstruktionen eine starke Ähnlichkeit mit den elliptischen Ausdrücken des ‚interior monologue' (bei denen allerdings häufig auch noch das Partizip fehlt): „his eyes [...] blinking with mad gaiety"[98]; „leaping nimbly, Mercury's hat quivering in the fresh wind"[99]. Es liegt daher die Vermutung nahe, daß innerhalb des Erzählerberichts gerade in Konstruktionen, die lose an im Grunde straffe Sätze angehängt werden, ein eng an das Reflektorbewußtsein angelehnter Inhalt transportiert werde, während übersichtlich zentrierte, syntaktisch überschaubare und eindeutige Passagen einen Erzählerbericht signalisieren, der sich von den Präformationen des Geschehens durch das Reflektorbewußtsein losmacht und seiner Aufgabe gemäß relativ neutral erzählt.

Unter Zugrundelegung dieser These lassen sich Stellen als Bewußtseinsinhalt identifizieren, die bislang nicht unter der Bezeichnung ‚Bewußtseinsdarstellung' geführt wurden. Ein Beispiel:

---

[98] Joyce, *Ulysses*, a.a.O., 25.5-7.
[99] Ebd., 25.27 f.

> He [= Buck] swept the mirror a half circle in the air to flash the tidings abroad in sunlight now radiant on the sea. His curling shaven lips laughed and the edges of his white glittering teeth. Laughter seized all his strong wellknit trunk.[100]

Beim zweiten Satz dieses Absatzes scheint es sich um ein Hyperbaton zu handeln, wobei der Sinn folgendermaßen zu deuten ist: „His curling shaven lips and the edges of his white glittering teeth laughed". Die Stelle ist jedoch ambiguent. Möglich ist auch, daß durch „and" eine Aufreihung bewirkt werden soll, die sonst zumeist ein Komma oder gar ein Punkt leistet: „His curling shaven lips laughed. The edges of his white glittering teeth. Laughter seized all his strong wellknit trunk." Diese Version transportiert Buck Mulligans Zähne eindeutig in Stephens Bewußtsein (als präformierte Wahrnehmung) – aus dem Lachen wird eine vampirhafte Drohgebärde, die Mulligan in Stephens Bewußtsein in die Nähe des „Chewer of copses"[101] rückt – ein weiteres Indiz für die Verknüpfung Mulligans mit dem Todesmotiv.

Das Phänomen der Verschränkung von Reflektorbewußtsein und Erzählerbewußtsein kann als eine intensivierte Stufe der sogenannten „Ansteckung der Erzählersprache durch die Figurensprache", die nach Stanzel ein Schritt auf dem Weg „von der auktorialen zur personalen Erzählsituation" ist[102], aufgefaßt werden. Dies impliziert, das Reflektorbewußtsein sei eine schon vor Einsetzen des Erzählaktes existente Konstante, während sich das Erzählerbewußtsein erst beim Erzählvorgang konstituiere und sich dabei in der einen oder anderen Weise am Reflektorbewußtsein orientiere.

---

[100] Ebd., 12.26-29.

[101] Ebd., 16.31.

[102] Vgl. Stanzel, *Theorie des Erzählens*, a.a.O., S. 247-249.

Das Modell läßt sich auch umdrehen: schließt man von der Affinität zwischen Erzähler- und Reflektorbewußtsein auf eine intendierte Thematisierung der Abhängigkeit des dargestellten Reflektorbewußtseins vom Erzähler, der ihm durch den Akt der Darstellung erst Existenz verleiht, oder gar der Begründung sowohl der Erzähler- als auch der Reflektorfigur in der übergeordneten Instanz des abstrakten Autors[103], so stößt man damit auf ein erneutes Indiz für den Verweis des Romans auf seinen Artefaktcharakter.

Zusammenfassung der Beobachtungen

Das Bewußtsein der Reflektorfigur ist nicht nur explizit in den bewußtseinsdarstellenden Passagen (‚interior monologue', erlebte Rede, Gedanken- / Gefühlsbericht) greifbar, sondern liegt auch der Erzählhaltung zugrunde.

a) Bewußtseinsdarstellende Passagen:
Zu Beginn der Episode wird Bewußtsein sowohl durch ‚interior monologue' als auch durch Erzählerbericht dargestellt, wobei beide Spielarten durch Wechsel von Tempus und Person deutlich voneinander getrennt sind. Im weiteren Verlauf verlagert sich die Darstellung des Bewußtseins zunehmend in kurze, durch elliptische Syntax geprägte Stellen, in denen Tempus und Person zumeist fehlen und die daher häufig ambiguent sind.

b) Geschehensschildernde Passagen:
Der Erzähler scheint zunächst bemüht zu sein, eine wertneutrale Erzählfunktion zu erfüllen. Es wird durch wiederholtes Einfließen von Wertung in den

---

[103] Zur Unterscheidung von fiktivem Erzähler, abstraktem Autor und realem Autor vgl. Cordula Kahrmann / Gunter Reiß / Manfred Schluchter, *Erzähltextanalyse. Eine Einführung in Grundlagen und Verfahren*, Bd. 1 (Königstein: Athenäum ^{2}1981), S. 40 f.

Erzählerbericht mehr und mehr deutlich, daß dem Erzähler eine subjektive Haltung zum Geschehen inne wohnt, die eine starke Tendenz zu derjenigen der Reflektorfigur zeigt. Durch häufiges Auftreten von Partizipialkonstruktionen und elliptischen Ausdrücken in der Syntax des Erzählerberichts verlieren die syntaktischen Kriterien zur Unterscheidung von Geschehenswiedergabe durch den Erzähler und Geschehensspiegelung im Reflektorbewußtsein zudem zunehmend an Eindeutigkeit.

Als übergreifende Tendenz dieser Beobachtungen deutet sich an, daß nach anfänglicher starker Trennung zwischen offenbar objektiv schilderndem Erzähler und deutlich subjektiver Reflektorfigur die Grenzen zwischen Reflektor- und Erzählerbewußtsein zunehmend verschwimmen, wodurch zum einen die von Therese Fischer aufgezeigte „überpersonale Validität“[104] der Reflexionen Stephens betont wird, zum anderen aber auch die ebenfalls zutiefst subjektive Haltung des Erzählers.

Funktion für die Gesamtstruktur des Romans

Wie bereits mehrfach angedeutet, läßt sich *Ulysses* nicht allein als fiktionale Darstellung potentiellen außerfiktionalen Geschehens (mimetische Ebene) lesen, sondern ebenso als ständiger Verweis auf seine eigene Vermittlungsstruktur (Metaebene). Den Merkmalen des ‚interior monologue‘ und seines Umfeldes, wie sie sich in der

---

[104] Fischer, *Bewußtseinsdarstellung im Werk von James Joyce*, a.a.O., S. 139. – Fischer spricht an gleicher Stelle und im gleichen Zusammenhang auch von der „erhöhten objektiven Validität“ von Stephens Bewußtsein. „Objektiv“ meint dabei keineswegs „wertfrei“, sondern soll lediglich die Übereinstimmung der privaten Meinungen Stephens mit den für die poetologische Wahrheit letztlich verbindlichen Ansichten des (gleichwohl als subjektiv zu erkennenden) Erzählers ausdrücken.

„Telemachus"-Episode darstellen, können dabei auf beiden Ebenen spezifische Funktionen zugeordnet werden.

a) Mimetische Funktion
In der „Telemachus"-Episode wird der Leser in erster Linie durch die Technik des ‚interior monologue' in die charakteristischen Eigenheiten Stephens eingeführt. Durch die zu Anfang recht deutlichen Übergänge in bewußtseinsdarstellende Techniken wird dem Leser dabei klar, daß ihm Einsicht in die Reflektorfigur gewährt wird – er nimmt also die persönlichen, subjektiven Charakteristiken Stephens auch als solche wahr.[105] Trotz der frappierenden erzähltechnischen Bruchstellen bereitet der Erzähler die Perspektive der Reflektorfigur jedoch zumeist vor, häufig mit der Schilderung von dessen Sinneswahrnehmungen. Der wahrgenommene Außenweltausschnitt ist daher bei vorbereitender Vermittlung durch den (hier noch relativ objektiven) Erzähler und anschließender (merklich subjektiver) präformierter Wahrnehmung durch den Reflektor häufig identisch. Dadurch wird es möglich, die „Prinzipien der Realitätsveränderung"[106] im Bewußtsein Stephens zu etablieren, wie ein Beispiel zeigen mag:

> He went over to it [= the shavingbowl], held it in his hands awhile, feeling its coolness, smelling the clammy slaver of the lather in which the brush was stuck. So I carried the boat of incense

[105] Bei der erlebten Rede dagegen, die noch im *Portrait* vorherrscht, geht der Eintritt in die Reflektorfigur unscheinbar vonstatten; der Übergang aus einer objektiv-schildernden in die subjektive Sicht wird verschleiert.

[106] Fischer, *Bewußtseinsdarstellung im Werk von James Joyce*, a.a.O., S. 129.

> then at Clongowes. I am another now and yet the same.[107]

Der erzähltechnische Übergang vom Erzählerbericht in den ‚interior monologue' wird durch den Wechsel von „He" zu „I" sehr eindeutig gestaltet. Der Erzähler berichtet jedoch, den ‚interior monologue' vorbereitend, bereits aus Stephens Perspektive: er schildert die objektive Qualität von dessen Wahrnehmungen, mit der die folgende, den üblichen Präformationen unterworfene Komponente derselben Wahrnehmungen kontrastiert.

Durch die so in der „Telemachus"-Episode begonnene und in der „Nestor"-Episode fortgesetzte Einführung in die charakteristischen Merkmale von Stephens Bewußtsein sollte der Leser in der Lage sein, den kaum noch außerpersonal gestützten ‚interior-monologue'-Passagen von „Proteus" zu folgen. Darüber hinaus wird in den drei ersten Bloom-Episoden, deren Anordnung parallel zu den vorangegangenen verläuft, ein kontrastierendes zweites Reflektorbewußtsein aufgebaut. Die sich aus einem entsprechenden Vergleich ergebenden Gemeinsamkeiten und Unterschiede ermöglichen es, Merkmale einer Gesamtstruktur des Romans zu erschließen, die an dieser Stelle jedoch im einzelnen nicht weiter aufgezeigt werden sollen, da dies auf eine reine Wiederholung des von Therese Fischer-Seidel schlüssig dargelegten Konzeptes hinausliefe.[108]

---

[107] Joyce, *Ulysses*, a.a.O., 17.29-32.

[108] Vgl. Fischer-Seidel, „Charakter als Mimesis und Rhetorik. Bewußtseinsdarstellung in Joyces ‚Ulysses'", a.a.O., besonders S. 325-327 (Stephen und Bloom als „Folie" und „Füllung").

b) Vermittlungsanzeigende Funktion

Der ‚interior monologue' galt den ersten Lesern von *Ulysses* zweifelsohne als neuartige, die traditionellen Konventionen brechende Technik. Es mag dabei erstaunen, daß diese Technik in einer der „Penelope"-Episode verwandten Weise bereits Jahrzehnte zuvor angewandt wurde[109], ohne dabei eine ähnliche Wirkung wie das Erscheinen von *Ulysses* erzielt zu haben. Offenbar wirkt der ‚interior monologue' in der mit einem herkömmlichen Geschehensbericht kontrastierten Art und Weise in seiner Neuartigkeit sehr viel drastischer als innerhalb eines reinen Monologromans oder einer Monologerzählung; auch in dieser Hinsicht gilt Therese Fischers Satz: „Erst die teilweise Erfüllung des Vorgegebenen macht die spezifische Differenz wahrnehmbar"[110]. Aus gutem Grund steht „Penelope" also erst am Ende des Romans. Durch die Segmentierung von ‚interior-monologue'-Passagen und Erzählerbericht wird auf die erzähltechnische Komponente des Erzählwerks besonders eindringlich hingewiesen. Der Leser wird sich zwangsläufig nicht nur mit dem Gegenstand der Darstellung, sondern auch mit ihren Mitteln auseinandersetzen müssen. Der Roman thematisiert damit den Prozeß literarischer Vermittlung. Interessant ist dabei, daß der Verweis auf die Vermittlungsstruktur besonders durch den Einsatz der Kategorie ‚showing', also

---

[109] Es sei als Beispiel erneut auf Schnitzlers „Leutnant Gustl" verwiesen (diese Erzählung entstand in den Tagen des 13. bis 17. Juli 1900), aber auch auf Édouard Dujardins 1888 erschienenen Roman *Les Lauriers sont coupés*, dem Joyce nach eigenem Bekunden die Anregung zur ‚interior-monologue'-Technik entnahm.

[110] Fischer, *Bewußtseinsdarstellung im Werk von James Joyce*, a.a.O., S. 122.

von vorgeblich unvermittelten Elementen, geleistet wird. Dies wird möglich durch die innere Dialektik des ‚interior monologue': ein Teil von Wirklichkeit, nämlich das Reflektorbewußtsein, wird unvermittelt (also *objektiv*) dargestellt. Gerade durch den Verzicht auf Kommentierung des Bewußtseins wird jedoch deutlich, daß der Darstellung äußerer Wirklichkeit im diese Wirklichkeit wahrnehmenden Reflektorbewußtsein ein äußerst *subjektives* Moment innewohnt. In den ‚interior-monologue'-Passagen wird eine subjektive „innere" Wirklichkeit konstruiert, die gleichsam nur noch zufällig der objektiven äußeren Wirklichkeit zu entsprechen vermag, in erster Linie jedoch den Präformationsmechanismen der Reflektorfigur verpflichtet ist und daher eine völlig neue Qualität von Wirklichkeit darstellt.

Der Bericht des Erzählers scheint zunächst das gültige, objektive Pendant zu diesem offensichtlich subjektiven Wirklichkeitskonstrukt darzustellen. Wie aus der vorliegenden Arbeit deutlich geworden sein sollte, ist jedoch auch der Erzählerbericht einem subjektiven Bewußtsein verpflichtet, so daß auch hier Wahrnehmungspräformationen angenommen werden müssen. Stanzel, der die Erzählerinstanz von *Ulysses* „ohne Paradoxie als das auktoriale personale Medium des Romans bezeichnen" zu können meint[111], stellt als Tendenz des gesamten Romans (und auch von Joyces erzählerischem Gesamtwerk) aufgrund des zunehmend als Bewußtsein greifbaren Erzählers die „Personalisierung des

[111] Franz K. Stanzel, „Die Personalisierung des Erzählaktes im ‚Ulysses'", in Fischer-Seidel (Hg.), *James Joyces ‚Ulysses'*, a.a.O., S. 284-308, hier S. 294.

Erzählaktes“ fest.[112] Selbst wenn man sich der These von einem kollektiven auktorialen Bewußtsein, das die Bewußtseinsinhalte der Reflektorfiguren enthält[113], verschließt, wird man konstatieren müssen, daß in *Ulysses* die Subjektivität jeglicher Wirklichkeitserfassung oder -darstellung thematisiert wird. Die Existenz objektiver Wirklichkeit wird negiert, der gleichwertige Anspruch subjektiv präformierter Wirklichkeit auf Gültigkeit begründet. Damit tritt der Prozeß literarischer Urzeugung der tradierten Wirklichkeitserfahrung gleichrangig zur Seite.

---

[112] Vgl. ebd., besonders S. 291-300.
[113] Vgl. ebd., S. 294.

Was bleibt?
Eine Fährtensuche am Strand von Sandymount

für jörg drews

Die Fährte, die ich aufnehmen möchte, hat Seamus Heaney gelegt, und zwar in seinem Lyrikband *The Spirit Level* von 1996, in dem unter dem Titel „The Strand“ das folgende kurze Gedicht enthalten ist:

The dotted line my father's ashplant made
On Sandymount Strand
Is something else the tide won't wash away.[1]

Wohin führt uns diese Spur?

1: Sandymount Strand

Der Ort ist, so will es scheinen, exakt fixierbar, und es ist ein Ort, an dem sich mehrere Linien treffen – ‚dotted lines‘ freilich, also solche mit kleinen Lücken und keine durchgängigen. Schon die Bezeichnung des Strandes nicht als *beach*, sondern eben als *strand* deutet nach Irland, wo diese (historisch übrigens ältere) Vokabel allgemein vorgezogen wird. Sandymount wiederum ist ein südöstlicher Vorort von Dublin, gelegen an der Irischen See. Seamus Heaney, der ursprünglich aus Nordirland stammt und auf einem Bauernhof im dortigen County Derry aufwuchs, wohnt mit seiner Familie seit etwas mehr als einem Vierteljahrhundert in der Strand Road von Sandymount. Daher liegt es zunächst einmal nahe, das Gedicht plan autobiographisch zu lesen. In einer recht trivialen, weil

---

[1] Seamus Heaney, „The Strand“, in *Die Wasserwaage. The Spirit Level. Gedichte. Englisch und Deutsch*, üb. v. Giovanni u. Ditte Bandini (München: Hanser 1998), S. 126.

geradezu ungeschützt direkten Interviewäußerung hat Heaney selbst einem solchen Lesemodell Nahrung gegeben:

> I remember when my father and mother came down to Dublin in the late 1970s or early '80s, just after we bought our house in Sandymount. My father went out walking on the strand, and he had an ash-plant with him [...].[2]

Wäre das alles, so könnten wir es dabei belassen, und das Gedicht wäre keine weiteren Worte wert. Freilich denkt der Kenner irischer Literatur bei der Wendung „Sandymount Strand" unverzüglich an James Joyce, der an diesem Ort zwei Episoden seines *Ulysses* ansiedelt. In der dritten Episode („Proteus") ist es der Möchtegerndichterling Stephen Dedalus, der hier seinen hochfliegenden Gedanken nachhängt, und in der dreizehnten Episode („Nausicaa") erholt sich an gleicher Stelle der alternde Anzeigenagent Leopold Bloom von den Fährnissen des Alltags, indem er am Strand eine junge Frau beäugt und dabei masturbiert. Daß Heaney bei der Niederschrift seines Gedichts auch daran gedacht hat, ist nicht nur eine naheliegende Vermutung, sondern wird bestätigt durch das schon zitierte Radiointerview. Heaneys prosaischer Bericht von dem auslösenden Erlebnis geht folgendermaßen weiter:

> My father went out walking on the strand, and he had an ash-plant with him, but of course he had no sense of James Joyce's Stephen Dedalus walking into eternity across Sandymount Strand carrying an ash-plant. Then, after my father died, I remembered him like that,

---

2 „Seamus Heaney", in Clíodhna Ní Anluain (Hg.), *Reading the Future. Irish writers in conversation with Mike Murphy* (Dublin: Lilliput Press 2001), S. 81-97, hier S. 96.

> making a dotted line across the strand. [...] In one hundred years' time I would like a few dots to be on the strand, and in those dots would be a poem or two – something, as the poem says, that 'the tide won't wash away'.[3]

Als Selbstausdeutung ist diese Erläuterung fahrlässig und fast peinlich. Ich möchte der Schilderung deswegen vorerst nur eines entnehmen, nämlich die Erkenntnis, daß selbst eine lebende Gestalt nicht unbedingt wissen muß, wofür sie steht. Vater Heaney, der mit dem Eschenstock einen Strandspaziergang macht, weiß nicht, was er bedeutet („no sense"), und dennoch bedeutet er etwas – und dies ganz im Gegensatz zu einer gealterten Gestalt in einem früheren Gedicht von Heaney, „The Harvest Bow", die ebenfalls mit einem Eschenstock assoziiert wird („Hands that aged round ashplants and cane sticks"[4]), aber keinerlei Bezug zu Joyce zeigt. Dem Gedicht „The Harvest Bow" ist eine ganz andere (ländliche und nicht städtische, binnenländische und nicht meeresnahe) Szenerie einbeschrieben. Heaneys stockbewehrter Vater bedeutet das, was er bedeutet, also nur, weil er seinen Spaziergang gerade am Strand von Sandymount unternimmt.

Sandymount ist nicht der markanteste Küstenschauplatz des *Ulysses*: das ist eher der Martello-Turm der Eingangsepisode, der freilich in Sandycove steht. Beide Vororte Dublins werden von Nichtkennern der Topographie aufgrund ihrer lautlichen Ähnlichkeit gern verwechselt[5],

---

3 Ebd.

4 Seamus Heaney, „The Harvest Bow", in *Field Work* (New York: Farrar, Straus and Giroux 1981), S. 58.

5 Vgl. z.B. Alfred Andersch, „Nachdenken über Irland anläßlich Warners Buch", in Patrick Warner, *Irland. Eine Entdeckung*, üb. v. Michael Andersch (Frankfurt a.M.: Ullstein 1977), S. 7-14, hier S. 8:

was freilich mehr als sträflich ist. Der Martello-Turm steht erhöht über dem Meer, ist zudem eine steinerne Bastion, die wehrhaft aufragt, und als (von Buck Mulligan so genannter) ‚Omphalos' ein protziger Nabel der Welt. Bei seinem Spaziergang in Sandymount hingegen befindet sich Stephen Dedalus weiter unten am Wassersaum, an der Peripherie der Welt, und ist dem, was auf ihn eindringen mag, nahezu schutzlos ausgeliefert: in Gedankenspielen sieht er Wikinger am Strand anlanden[6] und Irland unterwerfen. Die topographische Differenz ist nicht zuletzt eine Differenz des Blicks: vom Martello-Turm der Eingangsepisode aus geht der Blick von oben herab, hochnäsig beinahe, über weite Teile von Stadt und Küste; am Strand der „Proteus"-Episode ist der Blick ein geduckter, der sich von dem, was am Horizont lauert, erniedrigt sieht – was lauert, das ist nämlich die Phalanx der Dubliner Berge. Samuel Beckett hat diesen Blick von unten nach oben unter Aneinanderreihung von Landmarken beschrieben, aus denen nur ein guter Kenner der Topographie (der etwa weiß, daß oben auf den Bergen der *Hell Fire Club* seine Behausung hatte) ganz schlau werden dürfte:

slow down slink down the Ringsend Road
Irishtown Sandymount puzzle find the Hell Fire
[...]
the tide making the dun gulls in a panic
the sands quicken in your hot heart

„Stephen Daedalus' Turm am Strande von Sandymount". Verwirrenderweise gibt es auch in Sandymount in der Tat einen Martello-Turm, doch das ist der falsche.

6 Das vorsätzliche Auflaufen mit einem Boot auf den Strand heißt im Englischen *to beach*, das unbeabsichtigte Auflaufen *to strand*: als Verbum betrachtet, ist der in Irland bevorzugten Vokabel *strand* also bereits eine passive und Opferperspektive inhärent.

hide yourself not in the Rock keep on the move
keep on the move[7]

Der sich wegduckende Blick desjenigen, der sich fast verstecken möchte, der Fluchtimpulse verspürt, ist der entsetzte Blick des Kindes, das den schützenden Vater braucht. Ob der Vater unbedingt Schutz bedeutet, ist freilich noch die Frage, denn der Vater hat womöglich eine Rute bei sich: in Gestalt des Eschenstocks eben. Aber wer ist der Vater?

2: My Father

Seamus Heaneys Vater ist der alte Mann, der mit der Gerte am Strand von Sandymount eine Spur hinterläßt. Die Gestalt, die im Gedicht als ‚my father' bezeichnet wird, ist damit jedoch nicht erschöpft. Stephen Dedalus, der im *Ulysses* mit seinem eigenen Eschenstock den selben Strand abstiefelt, denkt über verschiedene Arten von Vätern nach. Früher am Morgen, auf dem Turm, hat er sich seiner toten Mutter wegen gegrämt, doch mit der Trauer, die er am Strand empfindet, wendet er sich dem männlichen Vorfahren zu: er stilisiert sich durch viele stille, abbreviativ verwendete Shakespeare-Zitate zum Hamlet, der ja nicht die tote Mutter, sondern den toten Vater betrauert. Stephen Dedalus hat kein Mutter-, sondern ein Vaterproblem. Am Strand von Sandymount erinnert er sich an das Telegramm, das er in Paris erhielt: „Nother dying come home father."[8] Die Mutter ist damit durchgestrichen, faktisch durch ihren Tod, sprachlich durch das *not her*, das in der falschen Schreibung „Nother" steckt. Der Befehl zur Heimkehr hingegen kam

---

7 Samuel Beckett, „Serena III", in *Collected Poems in English and French* (London: John Calder 1977), S. 25.

8 James Joyce, *Ulysses*, hg. v. Hans Walter Gabler. (Harmondsworth: Penguin 1986), 3.199.

(und kommt womöglich immer noch) vom Vater Simon Dedalus, der Stephen andererseits fern ist wie ein Fremder.[9] Der Vater, um den Stephen trauert, ist ein Vater, den er nicht hat und nicht haben will. Später am Tag wird sich ihm Leopold Bloom, der sohnlos ist, weil sein einziger männlicher Nachfahr früh starb, als eine Art Vater anbieten, doch Stephen wird das auf unbestimmte Weise ablehnen. In einer denkwürdigen Szene am Ende der „Circe"-Episode allerdings macht Stephen den Samariter Bloom dennoch zum Vater: indem er ihm seinen Eschenstock leiht, mit dem es Bloom gelingt, kurzzeitig den vermißten kleinen Rudy wieder lebendig werden zu lassen.

Wer der Vater des lyrischen Ichs in Seamus Heaneys Gedicht „The Strand" ist, ist damit noch nicht entschieden. Bloom kann es zunächst einmal nicht sein, weil der sich zwar auch an diesem Strand tummelt, aber erstens ohne Eschenstock und zweitens in einer Episode, der Joyce in seinem *Ulysses*-Strukturschema die Szenenbezeichnung „The Rocks" zuwies, während er Stephens Strandbegehung im „Proteus"-Kapitel in der Tat unter die Überschrift „The Strand" stellte[10], die genau so ja auch über Heaneys Gedicht steht. Könnte Seamus Heaney sich womöglich den jugendlichen Stephen Dedalus als Vater imaginieren? Immerhin verfaßt Stephen am Strand ein Gedicht, und immerhin hat Heaney in einem kurzen Essay über die Joycesche Lyrik zu Protokoll gegeben, die eigentlichen lyrischen Leistungen Joycens fänden sich nicht in dessen Gedichten, sondern in den Eingangs-

---

[9] James Joyce selbst hatte offenbar eine viel stärkere Vater- als Mutterbindung, doch der Rückschluß von der Biographie des Autors auf das Bindungsgeflecht der Figur ist methodisch unzulässig.

[10] Vgl. die beiden Strukturschemata zum *Ulysses*, die Joyce in Umlauf brachte; abgedruckt bei Richard Ellmann, *Ulysses on the Liffey* (London: Faber 1972), nach S. 188.

kapiteln des *Ulysses*. Damit meint Heaney allerdings nicht die mageren lyrischen Versuche Stephens, sondern die lyrische Qualität der Joyceschen Prosa, der er nachsagt, sie „amplifies and rhapsodises the world with an unlooked-for accuracy and transport.“[11] Demnach wäre der Vater mit dem Eschenstock nicht Stephen Dedalus, sondern ganz konkret dessen Schöpfer: James Joyce.

In einem anderen Gedicht hat Seamus Heaney ihn in der Tat entsprechend gezeichnet. Das lange zwölfteilige Titelgedicht des Bandes *Station Island* (1984), die Versifizierung einer Fastenreise auf die irische Pilgerinsel im Lough Derg bei gleichzeitiger Auseinandersetzung mit mehreren Autoren aus dem Jenseits, enthält im letzten Teil bei der Rückkehr aufs Festland die Begegnung mit einer Gestalt, die dem lyrischen Ich eindringlich von solchen spirituellen Exerzitien abrät:

> [...] the tall man in step at my side
> seemed blind, though he walked straight as a rush
> upon his ash plant, his eyes fixed straight ahead.
>
> Then I knew him in the flesh
> [...]
> His voice eddying with the vowels of all rivers
> came back to me, though he did not speak yet,
> a voice like a prosecutor's or a singer's,
>
> cunning, narcotic, mimic, definite
> as a steel nib's downstroke, quick and clean
> [...]
> Old father, mother's son
> there is a moment in Stephen's diary
> for April the thirteenth, a revelation

---

[11] Seamus Heaney, „Joyce's Poetry“, in *James Joyce. Bloomsday Magazine 2002* (Dublin: James Joyce Centre 2002), S. 34 f., hier S. 35.

set among my stars – that one entry
has been a sort of password in my ears,
the collect of a new epiphany,

the Feast of the Holy Tundish.[12]

Hier nimmt Heaney zwar auf das Tagebuch von Stephen Dedalus in *A Portrait of the Artist as a Young Man* Bezug, doch dieser „Old father" ist, wie vielerlei Anspielungen (etwa auf die Flußnamenskataloge in *Finnegans Wake* oder auf die verpaßte Joycesche Karriere als Sänger) eindeutig belegen, James Joyce höchstpersönlich.

Nicht nur die Figur Stephen, sondern auch ihr Schöpfer James Joyce hat eine Zeit lang einen Eschenstock getragen (John Garvin hat im Rahmen einer akribischen Spurensuche sogar nachzuweisen versucht, woher der leibhaftige Joyce diesen Stock bekommen hat[13]), doch auch wenn dies biographisch nicht verbürgt wäre, wäre vor dem Hintergrund der Passage aus „Station Island" klar: Seamus Heaney hat sein Gedicht „The Strand" als Hommage an den künstlerischen Wunschvater James Joyce angelegt, und der Eschenstock ist das sichtbarste, freilich nicht das einzige Signal für diesen Hommage-charakter. Der präzise Blick auf die Struktur des kurzen Gedichts fördert im übrigen zutage, daß es aus genau achtzehn Wörtern in drei Zeilen besteht: das will kaum

---

12 Seamus Heaney, „Station Island", in *Station Island* (New York: Farrar, Straus and Giroux 1985), S. 61-94, hier S. 92 f. Vgl. dazu auch Darcy O'Brien, „Piety and Modernism: Seamus Heaney's 'Station Island'", in *James Joyce Quarterly* 26.1 (Herbst 1988), S. 51-65.

13 Vgl. John Garvin, *James Joyce's Disunited Kingdom and the Irish Dimension* (Dublin: Gill and Macmillan 1976), S. 29: „In my opinion, Joyce acquired his ashplant during one of his visits to Mullingar (1900-1901), probably at Uisneach, southwest of Mullingar […], where the national May Day fires were kindled by the Druids against cattle-disease".

Zufall scheinen, sondern eher ein unaufdringlicher Hinweis auf den Bau des *Ulysses*, der aus drei ungleichmäßig langen Teilen mit insgesamt achtzehn Episoden besteht. Und wenn wir noch weiter gehen wollen, können wir sogar darauf aufmerksam machen, daß Heaneys Gedicht mit dem Wörtchen „The“ beginnt und mit dem Wörtchen „away“ endet: das mag man als Reflex auf den letzten Satz aus *Finnegans Wake* lesen, der mit „A way“ beginnt und mit dem gehauchten „the“ endet.[14] Freilich ist dieser letzte Satz des letzten Werkes von Joyce nicht vollständig; es fehlt seine zweite Hälfte (die in *Finnegans Wake* auf der ersten Seite steht), und es fehlt deswegen am Ende auch ein Punkt, ein *fullstop* oder *dot*. Das, was Joyce angelegt hat, ist folglich fortsetz- und verlängerbar; warum nicht mit einer „dotted line“, einer perforierten Linie, die als solche trennend und durchlässig zugleich ist? Erzeugt wird sie mit dem Eschenstock.

3: Ashplant

Stephens Eschenstock ist nur einer von etlichen Stöcken, Ruten, Stecken und Prügeln, die sich im gesamten erzählerischen Werk von Joyce finden lassen. Viele dieser Knüppel sind, wie Morris Beja gezeigt hat, mit Szenen von Gewalt verbunden, wobei fast immer auch ein stierender, glotzender Blick (sei es, daß der Täter wie rasend die Augen verdreht, sei es, daß das Opfer mit Blicken bettelt und fleht) mit im Spiel ist.[15] Ein anderer Aspekt wird am Ende der „Circe“-Episode betont, wo Stephens Eschenstock in den Händen von Leopold Bloom zum Zauberstab wird und den toten Bloom-Sohn kurz-

---

[14] Vgl. James Joyce, *Finnegans Wake* (London: Faber 1939), S. 628: „A way a lone a last a loved a long the”.

[15] Vgl. Morris Beja, „The Wooden Sword: Threatener and Threatened in the Fiction of James Joyce“, in *James Joyce Quarterly* 2.1 (Herbst 1964), S. 33-41.

zeitig auferstehen läßt.[16] Rute, Prügel, Zauberstecken, Auferstehung: all das macht den Eschenstock kaum verhüllt zu einem Phallussymbol, in der Tat also zu einem Instrument der Vaterschaft. Am Strand von Sandymount beschäftigen sich beide *Ulysses*-Hauptfiguren mit ihrem Penis; daß Bloom masturbiert, ist eindeutig; bei Stephen sind sich die Interpreten nicht ganz einig, ob er am Ende der „Proteus“-Episode an den Strand pinkelt (wovon immer noch die meisten Leser ausgehen) oder womöglich doch onaniert.[17] Der Penis kann nicht nur zwei Funktionen übernehmen, sondern auch zwei Existenzformen annehmen, zwischen ragender Kraft und schlaffem Niedergang liegt in der Tat eine proteische Wandlung.

Gerade angesichts dieser Vielgestalt des Steckenmotivs erscheint es angebracht, Stephens Eschenstock von anderen Knüppeln klar zu unterscheiden. Zum ersten Mal taucht er im fünften Kapitel von *A Portrait* auf, als Stephen Vögel beobachtet: „What birds were they? He stood on the steps of the library to look at them, leaning wearily on his ashplant.”[18] Stephen selbst drängt sofort auf eine mythische Überhöhung des Eschenstocks: „The colonnade above him made him think vaguely of an ancient temple and the ashplant on which he leaned wearily of the curved stick of an augur.”[19] In der Eingangsepisode des *Ulysses* nimmt Stephen den Eschenstock von dessen „leaningplace” auf[20]; kurz danach dann, beim Gang zum Strand, lesen wir:

---

[16] Vgl. Sandra Manoogian Pearce, „Stephen's Ashplant as Bloom's Wonderbat in 'Circe''s Harlequinade“, in *James Joyce Quarterly* 35.4 / 36.1 (Sommer / Herbst 1998), S. 866-872.

[17] Vgl. David Hayman, „Stephen on the Rocks“, in *James Joyce Quarterly* 15.1 (Herbst 1977), S. 5-17.

[18] James Joyce, *A Portrait of the Artist as a Young Man* (London: Granada 1977), S. 202.

[19] Ebd., S. 203.

[20] Joyce, *Ulysses*, a.a.O., 1.528.

> He walked on, waiting to be spoken to, trailing his ashplant by his side. Its ferrule followed lightly on the path, squealing at his heels. My familiar, after me, calling Steeeeeeeeeeeephen! A wavering line along the path.[21]

Hier haben wir bereits die „line", die später von Heaney aufgenommen wird, bei dem sie freilich nicht „wavering", sondern „dotted" ist. Wichtiger jedoch für unseren Zusammenhang ist, daß die Fährte nur entsteht, weil der Eschenstock nicht erhoben und geschwungen wird, sondern schlaff nachschleift: „trailing [...] by his side." Auch in der „Proteus"-Episode bleibt der Stock in der Defensive: Stephen legt ihn zunächst ab („resting his ashplant in a grike"[22]), er droht zum Opfer der Flut zu werden („My ashplant will float away"[23]), wird dann von Stephen zwar als mögliche Waffe angesehen, aber doch schlaff und träge gehandhabt („He took the hilt of his ashplant, lunging with it softly, dallying still"[24]). In der Bibliotheksepisode taucht er einmal auf, aber wiederum in einer Szene, in der er abgelegt wird: „Stephen [...] hung on his ashplanthandle over his knee. My casque and sword. Touch lightly with two index fingers."[25] Bei dieser Passivität bleibt es, trotz der (eingebildeten) Bedrohung durch einen Hund am Strand. Tatsächlich erhoben („*Stephen, flourishing the ashplant in his left hand*"[26]) und dann auch als zerstörerische Waffe eingesetzt („*Nothung!* [...] *He lifts his ashplant high with both hands and smashes*

[21] Ebd., 1.627-629.
[22] Ebd., 3.284 f.
[23] Ebd., 3.454.
[24] Ebd., 3.489.
[25] Ebd., 9.295-297. Ein „casque" ist ein Kopfschutz: die Waffe ist defensiv.
[26] Ebd., 15.73; ähnlich auch 15.99.

the chandelier“[27]) wird der Eschenstock von Stephen erst in der phantasmagorischen „Circe“-Episode. Dies ist der einzige phallische Einsatz des Eschenstocks, und bezeichnenderweise zeugt er nichts, sondern zerstört nur.

Warum ist Stephens Stecken ausgerechnet ein Eschenstock? Es hätte auch beispielsweise ein *shillelagh* sein können, der traditionelle irische Eichen- oder Weißdornknüppel, doch erstens will Stephen den Fesseln des Irischen (auch der irischen Sprache) ja gerade entkommen, und zweitens ist der *shillelagh* eben eher ein Gewaltinstrument, zudem ein toter Zweig. Stephens Eschenstock ist nicht ganz leblos, wie schon der zweite Bestandteil der Vokabel *ashplant* andeutet: es handelt sich nicht um einen abgeschnittenen Ast oder Zweig, sondern um einen Setz- oder Steckling, also eine Art Ableger des Elternbaums. Wenn wir diesen Sachverhalt auf das Vaterschaftsthema zurückbiegen, stellen wir fest, daß Stephens Eschenstock für Nachwuchs ohne Samenzeugung steht. Die Mutter wird in der Tat überflüssig („Nother dying“), der Vater ist der Mühsal des Erigierens enthoben. Söhne kommen gewaltlos, auf dem Wege der sanften Geburt, zur Welt, der vaterlose Stephen etwa als Ziehsohn von Leopold Bloom (der seinerseits nicht nur seinen leiblichen Sohn, sondern auch seinen leiblichen Vater an das Totenreich verlor), Seamus Heaneys lyrisches Ich als Nachfahr des Joyceschen Vatertextes.

Aber auch die Holzart als solche kann kaum Zufall sein: die Esche. Ruth Bauerle und John Garvin haben die These vertreten, bei der Esche, aus der Stephens Stock geschnitten ist, handele es sich in Wahrheit um die Eberesche, die im Englischen zwar *rowan*[28] heißt, in Irland aber auch als

---

[27] Ebd., 15.4242-4244.

[28] Eine der Hauptgestalten in dem Joyceschen Schauspiel *Exiles* heißt Richard Rowan.

mountain ash bekannt ist.[29] Dieser Baum läßt sich über die irische Mythologie mit einigen Joyceschen Motiven verbinden, so etwa mit dem Augurium (ein Sachverhalt, der durch die deutsche Alternativbezeichnung der Eberesche als Vogelbeere unterstrichen wird), doch da „the rowantree“[30] anderswo im Joyceschen Werk durchaus als solcher vorkommt (im *Ulysses* personifiziert als „Mrs Rowan Greene“ in einer Aufzählung, die auch eine „Mrs Poll Ash“ enthält[31]), ist nicht ganz einzusehen, weshalb Joyce die beiden nach dendrologischer Systematik nicht miteinander verwandten Bäume durcheinanderwerfen sollte. Die Esche (lateinisch *fraxinus excelsior*, irisch *fuinseog*) und die Eberesche (lateinisch *sorbus aucuparia*, irisch *caerthann*) sind zwar gleichermaßen präsent im gälischen Ogham-Alphabet (die Eberesche als zweiter Buchstabe *luis* mit dem Lautwert *l*, dargestellt durch zwei waagerechte Linkskerben, die Esche je nach System als dritter oder auch als fünfter Buchstabe *nion* mit dem Lautwert *n*, dargestellt durch fünf waagerechte Linkskerben[32]),

---

29 Vgl. Ruth Bauerle, „Some *Mots* on a Quickbeam in Joyce’s Eye“, in *James Joyce Quarterly* 10.3 (Frühjahr 1973), S. 346-348; außerdem Garvin, *James Joyce’s Disunited Kingdom*, a.a.O., S. 27-32.

30 Joyce, *Finnegans Wake*, a.a.O., S. 588.

31 Joyce, Ulysses, a.a.O., 12.1269-1271. Zu dieser Passage (der sogenannten Baumhochzeit) vgl. auch Brigitte L. Sandquist, „The Tree Wedding in ‘Cyclops’ and the Ramifications of Cata-logic“, in *James Joyce Quarterly* 33.2 (Winter 1996), S. 195-209.

32 Alle Angaben zum Ogham-Alphabet nach Curtis Clark, „Natural history of the trees of the Celtic Ogham“, in *Circle Network News* 56 (Sommer 1995), S. 12 f. Das Ogham-Alphabet basiert auf einem System von waagerechten oder schrägen Kerben, die links und rechts einer senkrechten Linie (oder der Kante eines Pfostens oder Steins) angebracht werden, und besteht aus zwanzig Buchstaben (fünfzehn Konsonanten und fünf Vokale), denen jeweils eine Baum- oder Buschart zugeordnet ist (nach einigen Systemen kommen noch fünf Diphthonge hinzu, denen keine Bäume entsprechen); die im Internet kursierende Behauptung, es sei ein System aus

aber um so wichtiger erscheint es, hier genau zu differenzieren. Joyce war alles andere als ein Neukelte, er schwärmte nicht (wie viele seiner irischen Generationskollegen) für die alten Gälen, sondern für Ibsen und wohl auch für Wagner, so daß die nordische Mythologie nicht außer acht gelassen werden darf. Die Esche (nicht die Eberesche) verweist auf die Weltesche Yggdrasil, den Baum also, der einerseits in den Himmel wächst, andererseits tief in der Erde gegründet ist. Er ermöglicht beides: den Blick nach oben (im Höhenflug von Ewigkeitssucht und phallischer Auftrumpferei) und den nach unten.

Anhand einer (leider nur gekürzt bekannten) Briefstelle läßt sich immerhin belegen, daß Joyce um den Zusammenhang zwischen irischem Alphabet und den Bäumen gewußt hat. Am 27. Januar 1925 schreibt er an Harriet Shaw Weaver: „The Irish alphabet (ailm, beith, coll, dair, etc.) is all made up of the names of trees."[33] Man könnte deswegen versuchen, die Signifikanz der Esche mit Hilfe der diversen in Umlauf befindlichen ‚keltischen Baumhoroskope' zu erhellen. Da kann man als „Deutung der Kelten" zu diesem speziellen Baum etwa den Hinweis finden: „Symbol, die persönliche Freiheit zu finden, zu verteidigen und zu erhalten."[34] Dies trifft sich in der Tat vorzüglich mit den diversen emanzipatorischen Bestrebungen von Stephen Dedalus, doch Vorsicht ist angebracht: auf diesem Gebiet sind ganz nach freiem Belieben die unterschiedlichsten Ausdeutungen zu finden, wes-

---

achtzehn Buchstaben, weswegen der *Ulysses* in achtzehn Episoden eingeteilt sei, ist irrig.

[33] *Letters of James Joyce*, Bd. I, hg. v. Stuart Gilbert (New York: Viking Press 1966), S. 225 (es folgt eine Passage, die in der Briefausgabe leider ausgelassen ist).

[34] Anon., „Das keltische Baumhoroskop", Eintrag „Esche", zitiert nach der Internetseite http://www.beepworld3.de/members13/schokomond/keltisch.htm.

wegen Fritz Senn bereits warnte: „If we claim privileged status for the sources of our own taste, we become Cyclopically monocular."[35] Nicht zu den Sternen fliegen sollten wir mit den Baumlettern des Ogham-Alphabets, sondern im Gegenteil ganz bescheiden den Blick aufs Papier und auf konkrete Dinge senken wie der autobiographische Protagonist in Seamus Heaneys Gedicht „Alphabets", der in der Schule etwas erfährt

> Of new calligraphy that felt like home.
> The letters of this alphabet were trees.
> The capitals were orchards in full bloom,
> The lines of script like briars coiled in ditches.[36]

Hier haben wir sie wieder, die „lines", die von durchaus verschiedenerlei Gerätschaften herrühren können, im einen Fall von einem *ashplant*, im anderen vom kalligraphischen Handwerkszeug dessen, der eine Schrift lernt. Aber genaugenommen sind diese Gerätschaften gar nicht so verschieden, genaugenommen ist eben Stephens *ashplant* genau das: ein Schreibgerät. Gleich zu Beginn der „Proteus"-Episode versucht sich Stephen am Gegenteil des Schreibens – er liest: „Signatures of all things I am here to read, seaspawn and seawrack, the nearing tide, that rusty boot. Snotgreen, bluesilver, rust: coloured signs. [...] Shut your eyes and see."[37] Mit geschlossenen Augen möchte Stephen Zeichen lesen, dabei hinterläßt er selbst doch Zeichen, beschreibt sie als Fährte dem Strand von Sandymount ein: mit dem Eschenstock, den er ablegt. Stephens Baum-Stecken ist eine besondere Art von

---

[35] Fritz Senn, „Ramifications", in *James Joyce Quarterly* 19.2 (Winter 1982), S. 166-171, hier S. 171.

[36] Seamus Heaney, „Alphabets", in *Die Hagebuttenlaterne. The Haw Lantern*, üb. v. Giovanni Bandini u. Ditte König (München: Hanser 1990), S. 8-12, hier S. 10.

[37] Joyce, *Ulysses*, a.a.O., 3.2-9.

Zauberstab, nicht leiblich-phallisch, sondern schriftlich-büchern, ein Buch-Stab(e). Stephens Schrift ist eine „dotted line", eine Spur aus Punkten oder eine perforierte Fährte, eine Linie aus Löchern, aus Leerstellen. Es ist die Spur aus jenen Buchstaben, die im *Ulysses* stehen; es ist freilich auch die Fährte, die mit dem ausgelegt ist, was nicht darin steht, was zu ergänzen ist. Seamus Heaney ist nur einer von denen, die es tun, jeder andere Leser ist es auch.

4: Something Else

Eine Botschaft aus Tüpfelchen, mit einem Eschenstock nah über dem Wassersaum in den Strand gepiekt, aber dauerhaft dem Einfluß von Wind und Wellen trotzend: wortwörtlich genommen ist das Unfug. Eine solche Botschaft müßte nicht in den Sand, sondern in festen Stein geschrieben werden, nicht mit einem Stecken, sondern mit einem Metallmeißel, und sinnvoll wäre es, statt der Pünktchen- zumindest eine Strichelschrift zu wählen. Das Ergebnis entspräche dann recht genau einem Ogham-Stein, und der ist in der Tat von Dauer. Oder?

Genaugenommen ist es nicht die Botschaft, die im Falle der Ogham-Schrift zu überdauern pflegt, sondern nur das steinerne Material. Man vermutet heute, daß mit dieser Schrift ebenso etwa auf hölzerne Stecken und Pfähle geschrieben wurde, von noch weicherem Material ganz abgesehen, aber die Steine sind als einzige erhalten geblieben. Einer davon steht nahe der Derrynane Bay im südirischen County Kerry auf einer Wiese, sieht sehr adrett und eben vorzüglich erhalten aus und wird deshalb gern fotografiert (auch schon von mir).[38] Aber erstens

[38] Vgl. Friedhelm Rathjen, „Derrynane House und Abbey Island", in *irland journal* 13.4 (2002), S. 60-67, hier S. 62 (Foto und Text);

steht er nicht am originalen Ort, sondern wurde in der Bucht unter der Wasserlinie entdeckt und hierher versetzt, und zweitens wird er nur als pittoresker Stein mit Krakeln aufgenommen – was die Botschaft besagt, weiß ich nicht. Was, wenn auf dem Stein zu lesen stünde: ‚Ich war hier am 26. August 938‘? Die Botschaft wäre tot, denn selbst, wer es lesen könnte, wüßte nicht, wo das ‚hier‘ eigentlich wäre. Als gekritzeltes Wort im Sand hingegen hätte das ‚hier‘ gestimmt, solange es existierte.

Die Pünktelspur des Eschenstocks, die „the tide“ nicht fortspült, ist anderer Natur als der Ogham-Stein, sie wird nicht als Material, sondern immateriell überdauern, gerade weil sie nicht steinern tot ist. Was also hinterlassen Stephen, Bloom und Vater Heaney am Strand von Sandymount? Stephen hinterläßt neben der Spur seines Stocks den Rotz, den er sich am Ende der „Proteus“-Episode aus der Nase holt, und dazu (je nachdem, wie wir die Passage lesen) entweder seinen Urin oder seinen Samen (auch das ergibt eine „dotted line“). Das mißlungene Gedicht, das er hier ersinnt, hinterläßt er nicht, denn er schreibt es auf einen Zettel und nimmt den mit. Von Bloom wissen wir definitiv, daß er am Strand masturbiert, dies freilich in der geschlossenen Hose: er hinterläßt keine „dotted line“.

Heaneys „something else the tide won't wash away“ schließt dennoch eine Hinterlassenschaft Blooms ein. Nachdem er onaniert hat, findet auch er einen Stecken („Bit of stick“, keinen Phallus):

> Mr Bloom with his stick gently vexed the thick sand at his foot. Write a message for her. Might remain. What?
>
> I.

Nachdruck in Friedhelm Rathjen, *Irish Stew. Irland und Leute* (Scheeßel: Edition ReJoyce 2006), S. 71-76, hier S. 71 f.

> Some flatfoot tramp on it in the morning. Useless. Washed away. Tide comes here. Saw a pool near her foot. Bend, see my face there, dark mirror, breathe on it, stirs. All these rocks with lines and scars and letters. O, those transparent! Besides they don't know. What is the meaning of that other world. I called you naughty boy because I do not like.
>
> AM. A.
>
> No room. Let it go.
>
> Mr Bloom effaced the letters with his slow boot. Hopeless thing sand. Nothing grows in it. All fades.[39]

Blooms Botschaft ist unvollständig; Scharen von Joyceanern haben gerätselt, wie das „I. [...] AM. A." weitergehen könnte (Fritz Senn bietet als plausible Lösungen zum Beispiel auf: „a cuckold", „a naughty boy", „alone"[40]), doch die Aussage bleibt verkürzt: Bloom ist, und wir wissen nicht, was. Zudem kommt Bloom der Vernichtung durch Flut und fremde Füße bevor, indem er seine unfertige Botschaft selbst auslöscht. Paradoxerweise stellt er genau damit sicher, daß seine Botschaft etwas ist, was „the tide won't wash away": sie hat keine Chance mehr dazu.

Und gleichzeitig stellt Bloom, indem er seine Botschaft löscht, sicher, daß sie als Literatur überlebt. Literatur ist das, was bleibt, auch wenn es verschwindet. Das, was Bloom in den Sand kritzelt, wird aufgehoben dadurch, daß

---

[39] Joyce, *Ulysses*, a.a.O., 13.1252-1267.

[40] Fritz Senn, „Nausicaa", in Clive Hart u. David Hayman (Hg.), *James Joyce's Ulysses. Critical Essays* (Berkeley: University of California Press 1974), S. 277-311, hier S. 294; Nachdruck in Fritz Senn, *Joyce's Dislocutions: Essays on Reading as Translation* (Baltimore: The Johns Hopkins University Press 1984), S. 160-187, hier S. 173. Abstraktere Überlegungen zum Thema finden sich bei Bernard McGinley „Bloom's Other Throwaway and the Writing on the Sand", in *James Joyce Quarterly* 24.4 (Sommer 1987), S. 474 f.

Bloom es nicht außerhalb, sondern innerhalb eines Buches macht. Und er macht es mit einem *stick*, einem Wort, das im Englischen eine doppelte Bedeutung hat: als Substantiv bezeichnet es einen Stecken, als Verbum *to stick* freilich auch die Tätigkeit, die etwas (kleben oder haften) bleiben läßt, die es vor dem Vergehen bewahrt.

Die Haftung, die hier eingefordert wird, ist auf einer noch anderen Ebene die Bodenhaftung. Eben zuvor noch hat sich Bloom mit geweitetem Blick die Augen aus dem Kopf gestiert, als er seinen Stecken in der Hose malträtierte; solcher Höhenflug muß rasch ein Ende finden. Als er das Feuerwerk beobachtet, nimmt Bloom den simplen Zwieschritt zur Kenntnis: „Up like a rocket, down like a stick."[41] Nicht das Oben, sondern das Unten ist die entscheidende Perspektive. Der Blick, der von himmlischen Verzückungen zurückkehrt zu den Niederungen der Erdenexistenz, wird schnell ernüchtert. Die halbwüchsige Gertie, das Objekt seines Voyeurismus, hat einen Makel: „She's lame! [...] Mr Bloom watched her as she limped away. Poor girl!"[42] Wie *stick* hat die Vokabel *limp* eine Doppelbedeutung; bezeichnet nämlich zum einen ein Hinken, zum anderen auch die Schlaffheit, die Bloom nach seinem onanistischen Akt zweifellos auszeichnet. Schon zuvor, am Ende der „Lotus-Eaters"-Episode, hat Bloom seinen Penis in diesem Zustand antizipiert: „the dark tangled curls of his bush floating, floating hair of the stream around the limp father of thousands, a languid floating flower."[43]

Der Vater, mit dem wir es immer wieder zu tun haben, ist ein schlaffer Vater, ein kraftloser und vielleicht ein alter Vater – und dennoch angeblich ein Vater mit tau-

---

[41] Joyce, *Ulysses*, a.a.O., 13.895.
[42] Ebd., 13.771 f.
[43] Ebd., 5.570-572.

sendfacher Nachkommenschaft. Die Nachkommenschaft besteht aus den tausendfachen Spuren im Sand, den nichtmateriellen Hinterlassenschaften, die keine *tide* tilgt. Es sind, plan und platt, die Buchstaben.

Um die Fährten Blooms, Stephens, auch Heaneys am Strand von Sandymount zu lesen, ist der Blick nach den Sternen grundverkehrt, mag es sich nun um den Blick des Auguren oder um den des Astrologen handeln. Die Hinterlassenschaften dieser Strandgänger lassen sich nur immateriell mitnehmen, das Aufnehmen der Spuren ist ein Auflesen vom Boden und dies im engeren Sinne ein Lesen, dessen Früchte sich nur im Kopf oder in neuer Schrift speichern lassen. Und der lesende Blick, ob er nun am Strand liest oder im Buch, ist immer ein Blick nach unten, wie auch der Eschenstock, der gleich einer Schreibfeder etwas in den Sand kratzt, nie ein phallischer Stock sein kann, sondern immer nach unten zielen muß, zur Erde. Eine solche Perspektive ist eigentlich weniger die von Stephen Dedalus, der ja immer hochfliegende Pläne und Gedanken hat und die Bodenhaftung zu verlieren droht; eine solche Perspektive trägt erst Seamus Heaney an den Strand von Sandymount, ein Lyriker, der sich die von Konkreta absehenden hohen Abstraktionen verbietet und sich lieber mit erdigen Themen, mit Feldarbeit (auch im Sinne von Feldforschung) beschäftigt (eines seiner bekanntesten Gedichte heißt „Digging“ und benutzt die Tätigkeit des Umgrabens als Metapher fürs Schreiben), dazu mit archäologischen Funden wie etwa mumifizierten Moorleichen – alles das ist Spurensuche und Fährtenlese im Untergrund.

Die „dotted line“ der literarischen Schrift ist immer eine perforierte, enthält also Auslassungen, Unkomplettes, Leerstellen, die immer neuer Auffüllung bedürfen. Nur so widersteht sie der „tide“ aus Heaneys Gedicht, die im Deutschen ja nicht als Flut wiederzugeben wäre, sondern als Tide, als Gezeit – das periodische Wirken der Zeit ist es, das alles wegwischt, was nicht Fährte, nicht Zeichen ist, was nicht in anderer Form existiert als in der eigenen Materialität. „Washed away. Tide comes here“: das nimmt, wie schon zitiert, Bloom zum Anlaß, seine Botschaft auszulöschen. Die Schriftsteller, mit denen wir es hier zu tun haben, sind Fährtenlöscher, Spurenverwischer. Sie wissen, daß die gerade im Umkreis der keltischen Mythologie so häufigen im Meer versunkenen Städte und Inseln (Atlantis, Ys, Tír na nOg) überlebt haben, gerade *weil* sie in der Flut verschwanden. In der Episode, in der Bloom der Flut zuvorkommt, spielt eine andere Vokabel, derjenigen der *tide* eng benachbart, eine untergründige Rolle, nämlich *tidy*: die modebewußte Gertie ist sehr reinlich, denkt ständig ans Waschen – in der Tat wirkt ja der Gezeitenhub am Strand auch wie eine periodische große Wäsche, die Zeit der Frühjahrsstürme wie ein Großreinemachen.

In Irland gibt es alljährlich einen *tidy town contest*, der zu sterilen Dörfern und Städten führt, wie sie puppenhaussüchtige Touristen lieben; auch aus dem *dear dirty Dublin* droht eine *tidied up city* zu werden, in der sehr zum Zorn aller Joyce-Fans die realweltlichen Kulissen des *Ulysses* zum Abbruch freigegeben (oder aber mit Gedenkplaketten museal konserviert) werden. Bekanntlich behauptete Joyce, falls Dublin zerstört werde, könne es nach den Bauplänen des *Ulysses* wieder aufgebaut werden. Richtig ist aber genau das Gegenteil: das Dublin des *Ulysses* existierte immer nur im *Ulysses*, als eine Buchstabenwelt aus Zeichen und Fährten, der man zwar auf den Straßen des realen Dublin mit einigem Erfolg nachlaufen, die man aber im eigentlichen Sinne nur beim Lesen im Buch selbst finden kann. Literarische Reiseführer erschöpfen sich in Hilfskonstruktionen.

Eine dieser Hilfskonstruktionen ist der Tip, man möge die „Proteus“- und die „Nausicaa“-Episode des *Ulysses* an einem anderen Ort nachvollziehen als dort, wo sie ‚eigentlich' spielen.[44] Der originale Schauplatz existiert nämlich nicht mehr; die Küste, die Stephen abläuft, wurde nach Landgewinnungsmaßnahmen überbaut, und heute befindet sich die Küstenlinie ganz woanders. Insofern stimmt es gar nicht, was ich anfangs dieses Beitrags beteuerte: daß der Ort namens „Sandymount Strand", an dem sich mehrere Joycesche, Heaneysche und weitere Linien treffen, exakt fixierbar sei. Es handelt sich, topographisch gesehen, um verschiedene Orte. Nur literarisch sind sie identisch. Oder, um ein letztes Mal Seamus Heaney zu zitieren: „On Sandymount Strand I can connect / Some bits and pieces."[45] Dieser „Sandymount Strand" ist ein Ort, der, auch wenn er durch Landgewinnung und Baumaßnahmen an der Irischen See verschwindet (oder schon verschwunden ist), für Seamus Heaney noch immer direkt vor der Haustür liegen kann; und hinter dieser Haustür auch, und in Mossbawn und im Lough Derg; im County Galway oder an der Derrynane Bay oder in Klappendorf; auf Tristan da Cunha oder am Rialto Beach; in Scheeßel gar, in Bielefeld; wo auch immer.

---

44 Vgl. z.B. Jack McCarthy mit Danis Rose, *Joyce's Dublin. A Walking Guide to Ulysses*, revidierte Ausgabe (Dublin: Wolfhound Press 1988), S. 16; Friedhelm Rathjen, „James Joyce und seine Stadt. Mit Stephen Dedalus und Leopold Bloom durch Dublin", in *Irische Reise* (Göttingen: Lamuv 1999), S. 35-62, hier S. 39.

45 Seamus Heaney, „Vitruviana", in *Elektrisches Licht. Zweisprachige Ausgabe*, üb. v. Giovanni u. Ditte Bandini (München: Hanser 2002), S. 110.

Maniküre

Im Kommentar seiner zweisprachigen Ausgabe des „Hades"-Kapitels aus dem Joyceschen *Ulysses* weist Fritz Senn auf einige latente Sinnschichten einer Textstelle hin, an der Leopold Bloom sich ausgiebig mit seinen Fingernägeln beschäftigt, um sich vom Erscheinen seines Rivalen Blazes Boylan auf der Szene abzulenken:

> Mr Bloom reviewed the nails of his left hand, then those of his right hand. The nails, yes. [...] My nails. I am just looking at them: well pared.[1]

Senn meint, bei den Fingernägeln handele es sich um die „natürlichen biologischen Waffen" Blooms, und er weist darauf hin, daß „well pared" genau wie *well paired* klingt, also hinter den ‚gut geschnittenen' Nägeln eine ‚gute Paarung' lauert – in diesem Sinne kommt gerade das zum Ausdruck, was Bloom mit seinem Ablenkungsverhalten zu verdrängen sucht. Schließlich paart Senn die Stelle mit einer anderen, und zwar der Zeile „yet it seemed as useless as the pairing of one's nails" aus dem Stück *Countess Cathleen* von William Butler Yeats, die von Joyce möglicherweise angespielt wird.[2]

Wenn Blooms Fingernägelei mithin ein Echo auf die Weltliteratur darstellt, so wäre hinzuzufügen, daß auch noch eine Stelle aus einem Text eines anderen irischen Schriftstellers darin nachhallt, nämlich von Joyce selbst. Ich denke an Stephens berühmte Definition der dramatischen Form in *A Portrait of the Artist as a Young Man*[3]:

---

1 James Joyce, *Ulysses*, hg. v. Hans Walter Gabler (Harmondsworth: Penguin 1986), 6.200-04.

2 Fritz Senn (Hg.), *Hades: Ein Kapitel aus dem „Ulysses": Englisch – Deutsch* von James Joyce (Mainz: Dieterich 1992), S. 176.

3 Nach der Lektüre der Vorfassung meiner Miszelle macht Fritz Senn mich auf seinen Artikel „Ex ungue Leopold" in *English Studies* 48

> The esthetic image in the dramatic form is life purified in and reprojected from the human imagination. The mystery of esthetic like that of material creation is accomplished. The artist, like the God of creation, remains within or behind or beyond or above his handiwork, invisible, refined out of existence, indifferent, paring his fingernails.[4]

Der Akt des Fingernägelschneidens wird hier als Metapher für Gleichgültigkeit definiert, und Gleichgültigkeit ist ja in der Tat genau das, was Bloom vorzuspiegeln versucht, als er sich in Boylans Gegenwart so emsig mit seinen Fingernägeln beschäftigt. In Wahrheit ist ihm Boylans Gegenwart natürlich alles andere als gleichgültig: Bloom spielt lediglich den Gleichgültigen, und indem er das tut, zieht er gewissermaßen die dramatische Mitteilungsform der lyrischen und der epischen vor, spielt also die Rolle des Künstlers, der „presents his image in immediate relation to others“[5]. Wenn Bloom seine Pose nicht wirklich erfolgreich spielt, so läßt sich das ebenso von derjenigen sagen, in die sich Stephen in *A Portrait* wirft; das Unbehagen, mit dem es Bloom in Boylans Gegenwart aufzunehmen hat, ähneln demjenigen, das Stephen verspürt, als er in der Szene unmittelbar nach derjenigen, in der er seine Definition der dramatischen

---

(Dezember 1967), S. 537-543, aufmerksam, wo er bereits einige Aspekte der Wechselwirkung zwischen den beiden Passagen in *A Portrait* und *Ulysses* benennt und (wenngleich im Rahmen eines ganz anders gearteten Argumentationsganges) einige Schlußfolgerungen formuliert, die den meinigen ähneln. Vgl. auch Senns Miszelle „Well pared (*Ulysses* 92.28)“ in seinem Aufsatz „Trivia Ulysseana II“ in *James Joyce Quarterly* 13 (Winter 1976), S. 242 f.

4 James Joyce, *A Portrait of the Artist as a Young Man*, hg. v. Chester G. Anderson u. Richard Ellmann (New York: Viking Press 1966), S. 215.

5 Ebd., S. 214.

Form formuliert hat, von Lynch hören muß: „– Your beloved is here“[6].

Für aufmerksame Leser des *Ulysses* ist es kein Geheimnis, daß sich die stillen Gedankengänge Blooms und Stephens an bestimmten Punkten des Romans insgeheim koinzidenziell berühren. Unsere Fingernägelpaarung allerdings unterscheidet sich insofern von diesen Fällen umsichtig hergestellter Koinzidenzen, als sich Stephens hier involvierte Stelle nicht im *Ulysses*, sondern eben im *Portrait* findet: in diesem Fall also bleibt das Netz, das Joyce knüpft, um seine beiden Protagonisten miteinander in Berührung zu bringen, nicht auf die Seiten des *Ulysses* beschränkt. Dies könnte zu dem vorschnellen Schluß verführen, daß die Duplizität der beiden Fingernagelstellen Zufall sein könnte – definitiv ein Fehlschluß, wie sich durch die genaue Untersuchung der Kontexte beider Textstellen zeigen läßt.

In beiden Fällen ist die jeweilige Figur, die den Protagonisten zwingt, sich zusammenzureißen und die Rolle des Fingernagelbeschauers zu spielen, nahe dem Eingang eines öffentlichen Gebäudes lokalisiert. Blazes Boylan wird im *Ulysses* gesehen, als er von „the door of the Red Bank“[7] aus die vorbeifahrende Droschke des Totenzugs grüßt, und Emma Clery, Stephens Geliebte, steht „near the entrance door“[8] der Nationalbibliothek, „on the steps of the colonnade“[9]. In beiden Fällen kommt nicht nur Eifersucht, sondern auch ein gewisses Element der Leere ins Spiel. Als Stephen Emma erblickt, „[h]is mind, emptied of theory and courage, lapse[s] back into a listless

6 Ebd., S. 215.
7 Joyce, *Ulysses*, a.a.O., 6.198.
8 Joyce, *A Portrait of the Artist as a Young Man*, a.a.O., S. 215.
9 Ebd., S. 216.

peace“[10]; Bloom wendet sich, nachdem er seine Nägel in Augenschein genommen hat, seinen Mitfahrern zu und wirft „his vacant glance over their faces“[11]. Dieser kurze scheue Blick könnte sogar eine genaue Entsprechung zum Verhalten Stephens, den wir „turning his eyes towards her from time to time“[12] erleben, sein.

Die schlagendste intertextuelle Koinzidenz allerdings geht der Fingernagelschau bereits voraus. Bevor Stephen die drei Formen der Kunst definiert, bezieht er sich auf Lessings *Laokoon* und die Bildhauerkunst: „– Lessing, said Stephen, should not have taken a group of statues to write of. The art, being inferior, does not present the forms I spoke of distinguished clearly one from another“[13]. Statuen treten nun aber auch zahlreich in der „Hades“-Episode des *Ulysses* auf. Unmittelbar vor dem Auftauchen von Blazes Boylan auf der Szene widmet sich Bloom in Gedanken „Sir Philip Crampton’s memorial fountain bust. Who was he?“[14] Dies ist genau die selbe Büste, die Stephen in den Sinn kommt, als er seine Definition des dramatischen Künstlers als gleichgültigen Schöpfergottes formuliert, der sich die Finger maniküre: „*Is the bust of Sir Philip Crampton lyrical, epical or dramatic?*“[15]

Es kann füglich nicht bezweifelt werden, daß Joyce, als er im „Hades“-Kapitel die Crampton-Büste und das Fingernagelmotiv paarte, dies in der Absicht tat, ein *déjà lu* ganz spezieller Art herzustellen. Bezeichnenderweise ist die „Hades“-Episode des *Ulysses* selbst zu einem gewissen Grade im Modus der dramatischen Kunst

---

[10] Ebd., S. 216.

[11] Joyce, *Ulysses*, a.a.O., 6.209f.

[12] Joyce, *A Portrait of the Artist as a Young Man*, a.a.O., S. 215.

[13] Ebd., S. 214.

[14] Joyce, *Ulysses*, a.a.O., 6.191.

[15] Joyce, *A Portrait of the Artist as a Young Man*, a.a.O., S. 214.

geschrieben, wie Stephen sie im *Portrait* definiert: in weitaus höherem Maße als die vorausgegangen besteht die Episode aus den Dialogen der Figuren und Blooms inneren Monologen, und der Künstler als Erzähler, der sich aus seiner Tätigkeit des Erzählens verabschiedet hat, ist sozusagen ein toter Künstler, ein Erzähler, der in den Hades eingegangen ist. Der Künstler beginnt, seiner Umgebung gegenüber ebenso leblos und gleichgültig zu sein wie eine kalte Statue – Statuen allerdings brauchen sich bekanntlich ihre Fingernägel nicht zu schneiden.

Blooms Tierleben
Fünf Miszellen zur Fauna im *Ulysses*

Alle Bücher von James Joyce sind im Dublin des späten 19. und des beginnenden 20. Jahrhunderts angesiedelt, in einer Großstadt, die für sich beanspruchte, die zweite Hauptstadt des britischen Weltreichs zu sein. Freilich hatte diese Großstadt bei alldem doch noch sehr viel Provinzielles an sich und den Schritt in die Moderne allenfalls halb vollzogen. Das Joycesche Dublin ist deswegen keineswegs eine tierfreie Zone. Einige tierische Details des *Ulysses* möchte ich im folgenden etwas näher betrachten.

1. Abgestürzter Vogel

Statistisch gesehen, müssen genau 0,27 Prozent aller Geschehnisse der Weltgeschichte am 16. Juni vorgefallen sein, und das heißt, daß es ganz gewiß Unfug wäre, alles, was in der Historie jemals an einem Bloomsday geschehen ist, mit dem Joyceschen *Ulysses* in Verbindung bringen zu wollen. In manchen Fällen allerdings wird die Verbindung durch die besondere Natur des jeweiligen Vorfalls doch sehr nahegelegt, und einer dieser Fälle ist womöglich der Tod von Pilâtre de Rozier am 16. Juni 1785, wie ihn Arno Schmidt in seinem Kurzroman „Schwarze Spiegel“ festgehalten hat: „ich hob die Hand vor Pilâtre de Rozier, abgestürzt am 16. 6. 1785, der Erste der langen Reihe, Ikarus unpräjudizierlich“[1]. Pilâtre de Rozier war der erste Mensch, der den Mythos von Ikarus in Geschichte überführt hat: als Pilot einer Montgolfière ist er an den Folgen dessen gestorben, was wohl der erste

[1] Arno Schmidt, „Schwarze Spiegel“, in Bargfelder Ausgabe, Bd. I/1 (Zürich: Haffmans 1987), S. 199-260, hier S. 214.

tödliche Luftfahrtunfall der Geschichte gewesen sein muß, als sein Ballon Feuer fing. Dies paßt natürlich vorzüglich zu dem Dädalus-Ikarus-Motiv, das Joyce mit der Namenswahl für seinen autobiographischen Helden seinem Werk eingezogen hat: auch Stephen, der Sohn eines Dedalus, erlebt am Bloomsday einen Absturz.

2. Zeitungsverkauf und Pferderennen

Der ‚König der Zeitungsjungen' hat seinen Auftritt in der „Aeolus"-Episode des *Ulysses*: „Davy Stephens, minute in a large capecoat, a small felt hat crowning his ringlets, passed out with a roll of papers under his cape, a king's courier"[2]. In *Finnegans Wake* taucht „Dav Stephens"[3] wiederum auf, und Adaline Glasheen klärt uns in ihrem *Third Census* darüber auf, wofür diese weithin bekannte Dubliner Type zu Lebzeiten berühmt war: „Every year he dressed up like a gentleman and went to the Derby."[4]

Maurice Gorham gibt die Einzelheiten in der Legende zu einem Foto von Stephens, das in einem von ihm herausgegebenen Bildband enthalten ist, allerdings etwas anders wieder:

> For many years he sold his papers at Kingstown (Dun Laoghaire) where the mailboats come in; he was on chatting terms with crowned heads and other distinguished visitors; and every year he took the boat himself and crossed to Ascot, where he found many friends.[5]

---

2 James Joyce, *Ulysses*, hg. v. Hans Walter Gabler (Harmondsworth: Penguin 1986), 7.28-30; vgl. auch ebd., 15.1122.

3 James Joyce, *Finnegans Wake* (London: Faber 1975), 300.n2.

4 Adaline Glasheen, *Third Census of "Finnegans Wake": An Index of the Characters and Their Roles* (Berkeley: University of California Press 1977), S. 271 f.

5 Maurice Gorham (Hg.), *Ireland from old Photographs* (London: Batsford 1971), unpaginiert, Illustration Nr. 206.

Falls Gorham recht hat und Glasheen sich irrt, folgt daraus ein kleines Problem für den Detailrealismus des *Ulysses*. Die Ascot-Rennen finden jedes Jahr im Juni statt, und 1904 wurde das Gold-Cup-Rennen von Ascot am 16. Juni, dem Bloomsday, durchgeführt, wie jeder Leser des *Ulysses* wohl weiß. Das bedeutet aber: wenn Davy Stephens 1904 tatsächlich nach Ascot gereist ist, dann war es ihm schlichtweg unmöglich, am Bloomsday aus dem Bürogebäude des *Freeman's Journal* zu kommen.

Zweierlei Schlußfolgerungen sind möglich. Entweder müssen (oder dürfen?) wir von einem Irrtum ausgehen, dem Joyce (oder vielleicht nur Bloom?) erlegen ist; oder aber Glasheen hat doch recht, Gorham irrt sich, und das Rennen, zu dem Davy Stephens alljährlich reiste, war in der Tat das englische Derby in Epsom (das 1904 am 2. Juni ausgetragen wurde). Nachdem ich mich lange vergeblich darum mühte, die Frage ‚Ascot oder Epsom' endgültig zu klären, stieß ich nun auf die wohl entscheidende Quelle, nämlich Stephens' (von einem Ghostwriter verfaßte) Autobiographie, in der es in wünschenswerter Klarheit heißt: „This year, on account of the war, I had to go racing at Newmarket instead of on Epsom Downs, and it was nothing to the grand old Derby days of yore"[6]. Schade – ich gebe zu, daß mir die Bestätigung der Ascot-Version lieber gewesen wäre, ergäbe sie doch eine weitere hintersinnige Verknüpfung zwischen Leopold Bloom, Throwaway und allen *dark horses*, allen Außenseitern von Bloomsday.

---

6 *The Life and Times of Davy Stephens. The Renowned Kingstown Newsman*, im Internet: http://www.chaptersofdublin.com/books/General/dstephens.htm, Kapitel VI: „Davy goes racing and visits London".

3. Wie die Karnickel

In der Episode „Oxen of the Sun" des *Ulysses* macht Buck Mulligan sich anheischig, ein nationales Fruchtbarkeitsgestüt (wohlgemerkt nicht für Pferde, sondern für Menschen) zu gründen, und zu diesem Zweck „he had resolved to purchase in fee simple for ever the freehold of Lambay island from its holder, lord Talbot de Malahide"[7]. Mulligans Visitenkarten sind auch schon gedruckt: „*Mr Malachi Mulligan. Fertiliser and Incubator. Lambay Island*"[8]. Warum aber, so fragen wir uns, ist ausgerechnet die Insel Lambay für dieses Projekt ausgewählt worden?

Ich glaube, auf diese Frage gibt es zweierlei Antwort. Erst einmal gilt es festzuhalten, daß Mulligan sich irrt: 1904 gehörte Lambay nicht mehr dem Lord Talbot de Malahide. 1888 war die Insel an Count James Considine verkauft worden[9], der sie einige Jahre später weiterverkaufte. Und zwar in welchem Jahr genau? Im *Ulysses*-Jahr, wie Kenneth McNally uns in seinem Buch *The Islands of Ireland* verrät: „In 1904 Lambay again changed hands when Mr Cecil Baring (later Lord Revelstoke) became the new owner after seeing the island advertised for sale in *The Field*."[10] Diese Immobilienanzeige muß Buck Mulligan wohl auch zu Augen gekommen sein (und ebenso natürlich seinem Schöpfer, dem Autor des *Ulysses*); das Wochenblatt, in dem sie abgedruckt wurde, ist in der

---

[7] Joyce, *Ulysses*, a.a.O., 14.681-683.

[8] Ebd., 14.660.

[9] Dieses Jahr findet sich genannt bei Kenneth McNally, *The Islands of Ireland* (London: Batsford 1978), S. 143. Don Gifford u. Robert J. Seidman, *"Ulysses" Annotated: Notes for James Joyce's "Ulysses"* (Berkeley: University of California Press 1988), S. 426, nennen 1878 als Jahr des Kaufs.

[10] McNally, *The Islands of Ireland*, a.a.O., S. 143.

Welt des *Ulysses* keineswegs unbekannt: „Bought the *Irish Field* now“[11], sinniert Bloom einmal.

Die Tatsache, daß Lambay Island 1904 zum Verkauf stand, ist also die eine Antwort auf unsere Frage. Die andere ist, daß Lambay in jenen Tagen wahrlich bereits ein fruchtbarer Ort war. Seit Jahrhunderten waren auf der Insel in großer Zahl Kaninchen gefangen worden, um sie zu verkaufen, aber, wie Kenneth McNally vermerkt: „even the extent of this trade was insufficient to control the rate of increase and it was necessary to kill some 24,000 over a two-year period from 1904-6.“[12] Wieder also kommt das *Ulysses*-Jahr ins Spiel.

Buck Mulligan wäre folglich nicht der erste Fruchtbarkeitsgarant auf Lambay Island gewesen, hätte er anstelle von Lord Revelstoke die Insel 1904 gekauft: vor ihm kamen die Kaninchen. Kaninchen sind, wenn wir so wollen, Waffen der Fruchtbarkeit, wie (neben der außerliterarischen Welterfahrung) auch der Blick in *Finnegans Wake* bestätigt: „It's too screaming to rizo, rabbit it all! [...] O but you must, you must really!“[13] Wenn wir von dieser Stelle aus weiterlesen, stoßen wir nach weniger als zwei Seiten Lektüre wiederum auf unsere spezielle Insel: „Werra where in ourthe did you ever pick a Lambay chop as big as a battering ram? Ay, you're right.“[14]

4. Ochsenschwanz

Rafael I. García León hat in einem Beitrag zu *Papers on Joyce* den Versuch unternommen, einen Überblick über die Rolle, die Pferde und mit Pferden verbundene Themen

---

[11] Joyce, *Ulysses*, a.a.O., 8.339.

[12] McNally, *The Islands of Ireland*, a.a.O., S. 145.

[13] Joyce, *Finnegans Wake*, a.a.O., 206.15 f.; vgl. auch ebd., 4.15 f.: „Phall if you but will, rise you must“.

[14] Ebd., 208.2-4.

im *Ulysses* spielen, zu geben.[15] Sein Überblick wäre allerdings sehr viel fruchtbarer und zwingender ausgefallen, hätte er die von ihm verzeichneten Verweise auf Pferdliches nicht isoliert von denen auf andere Tiere betrachtet. Um zu einem vollen Verständnis der Rolle, die Pferde im *Ulysses* spielen, zu gelangen, erscheint es notwendig, sich zumindest auch die Rolle von Rindvieh anzuschauen, wie ich im folgenden kurz zeigen möchte.

Schon in der „Nestor"-Episode (Kunst: „History"; Symbol: „Horse", wenn wir Joyce folgen wollen[16]) treten den Anspielungen auf Pferde ebensolche auf Rinder zur Seite. Abbildungen toter Pferde („Framed around the walls images of vanished horses stood in homage"[17]) illustrieren tote Historie, für die der Schulleiter Deasy steht und die Stephen als „a nightmare from which I am trying to awake"[18] empfindet. Stephen verwandelt also den Alptraum gewissermaßen in einen „night-*mare*"[19], damit buchstäblich wohl auch in ein *dark horse* – aber Deasy stattet Stephen gleichzeitig (wenn auch unabsichtlich) genau mit jenem Mittel aus, mit dem er Alpträume und Pferde bekämpfen kann. Aus Deasys Hand empfängt Stephen ein Werkzeug von der Kraft des Rindes – Deasys Leserbrief zur Maul- und Klauenseuche: „Allimportant question. In every sense of the word take the bull by the horns. Thanking you for the hospitality of your

---

15 Rafael I. García León, „Reading *Ulysses* at a Gallop", in *Papers on Joyce* 3 (1997), S. 3-8.

16 Ein synoptischer Vergleich zwischen „Linati Schema" und „Gorman-Gilbert Plan" findet sich in Richard Ellmann, *Ulysses on the Liffey* (London: Faber 1972), Tabellen nach S. 188.

17 Joyce, *Ulysses*, a.a.O., 2.300.

18 Ebd., 2.377.

19 Vincent Cheng, „White Horse, Dark Horse: Joyce's Allhorse of Another Color", in *Joyce Studies Annual 1991* (Austin: University of Texas Press 1991, S. 101-128, hier S. 106.

columns“[20]. Stiere und Gastfreundschaft sind in der Tat mächtige Waffen im Kampf gegen die Übermacht von Pferden und den ihnen beigesellten Rassismus (*racism*), jedenfalls wenn Stephen es schafft, zu jenem „bullock-befriending bard“[21] zu werden, als den er sich in den Augen von Buck Mulligan sieht.

Im nächsten Kapitel, „Aeolus“, wird der Dualismus Pferde / Geschichte versus Rinder / Gastfreundschaft weiter vertieft. Pferde bleiben die Wegweiser zum bösen Traum der irischen Vergangenheit: „The whitemaned seahorses, champing, brightwindbridled, the steeds of Mananaan“[22]. Stephen aber erinnert sich, aus seinem Alptraum durch einen angenehmeren, Besseres verheißenden guten Traum erlöst worden zu sein: „After he woke me last night same dream or was it? Wait. Open hallway. [...] In. Come. Red carpet spread. You will see who“[23]. Unverkennbar handelt es sich hier um einen Traum von Gastfreundschaft – und es ist ein Traum von jenem Mann aus dem Osten, dem Stephen an diesem Tag begegnen wird, nämlich Leopold Bloom.

Es ist grundfalsch, Pferde als „one of the many features that make Bloom and Stephen similar“[24] zu begreifen – was zu der Vereinigung von Bloom und Stephen beiträgt, das ist vielmehr die Tatsache, daß beide Pferdeassoziationen zugunsten von Rinderassoziationen zurückweisen. Zwar begegnet Bloom im Kapitel „Lotus-Eaters“ in der Tat einem Pferd – aber das Bild, das sich ihm bietet, gefällt ihm gar nicht:

---

20 Joyce, *Ulysses*, a..a.O., 2.335-337.

21 Ebd., 2.431.

22 Ebd., 3.56 f.

23 Ebd., 3.365-369.

24 García León, „Reading *Ulysses* at a Gallop“, a.a.O., S. 5.

> Mr Bloom went round the corner and passed the drooping nags of the hazard. No use thinking of it any more. Nosebag time. [...] Poor jugginses! Damn all they know or care about anything with their long noses stuck in nosebags. Too full for words. Still they get their feed all right and their doss. Gelded too: a stump of black guttapercha wagging limp between their haunches.[25]

Diese Passage unterstreicht, daß Pferde für Bloom mit Unfruchtbarkeit assoziiert sind, mit Sterilität. Bloom selbst wird deutlich auf Distanz zum Pferdetopos gebracht, und aus diesem Grund muß Bantam Lyons, um einen Renntip von Bloom zu bekommen, auch dessen Aussage „I was just going to throw it away“[26] mißverstehen: was Bantam Lyons von Bloom bekommt, das scheint ein Tip zu sein, ist aber keiner; Bloom scheint mit dem Pferdethema assoziiert zu werden, wird es aber nicht wirklich.

Auf unaufdringliche Weise assoziiert wird Bloom statt dessen mit den Rindermotiven des *Ulysses*. Als Buck Mulligan – der selbst als „equine“[27] beschrieben wird, also dem Pferdereich angehört – in „Scylla and Charybdis“ Bloom fälschlich für einen Homosexuellen erklärt, bringt Stephen Bloom im stillen Monolog mit der „Manner of Oxenford“[28] in Verbindung und macht aus ihm folglich indirekt einen Freund seiner selbst, des „bullockbefriending bard“[29].

In der „Sirens“-Episode versucht Blazes Boylan, die rinderbezogene Rolle Blooms zu usurpieren, doch er

---

[25] Joyce, *Ulysses*, a.a.O., 5.210-218.
[26] Ebd., 5.534.
[27] Ebd., 1.15.
[28] Ebd., 9.1212.
[29] Ebd., 2.431.

bleibt darin erfolglos und wird statt dessen mit Pferdlichkeiten assoziiert:

> By Bachelor's walk jogjaunty jingled Blazes Boylan, bachelor, in sun in heat, mare's glossy rump atrot, with flick of whip, on bounding tyres: sprawled, warmseated, Boylan impatience, ardent-bold. Horn. Have you the? Horn. Have you the? Haw haw horn.[30]

Boylans Horn ist hier ein falsches, denn er, der Sohn eines Pferdehändlers, wird in diesem Kapitel durchgängig mit Pferden assoziiert[31], und wir müssen uns bei der Lektüre erinnern, daß Pferde durch die oben zitierte Passage aus „Lotus-Eaters" mit Unfruchtbarkeit verbunden worden sind. Das Bild der Märe, das wiederholt bei der Beschreibung Boylans auf seinem Weg zu Molly aufgerufen wird, ist stets ein Bild der Trägheit und der Erschöpfung:

> Blazes Boylan's smart tan shoes creaked on the barfloor, said before. [...] Slower the mare went up the hill by the Rotunda, Rutland square. Too slow for Boylan, blazes Boylan, impatience Boylan, joggled the mare.[32]

Bloom hingegen ist immer noch ein Mann der (zumindest potentiellen) Fruchtbarkeit: „No son. Rudy. Too late now. Or if not? If not? If still?"[33] Lenehan und Joe haben keineswegs recht, wenn sie in „Cyclops" von Bloom sagen: „He's a bloody dark horse himself"[34]. Bloom ist

---

[30] Ebd., 11.524-527.

[31] Vgl. David J. Piwinski, „The Image of the Bleeding Horse in James Joyce's *Ulysses*", in *Papers on Language and Literature* 26.2 (1990), S. 285-288, hier S. 285 f.; García León, „Reading *Ulysses* at a Gallop", a.a.O., S. 5 f.

[32] Joyce, *Ulysses*, a.a.O., 11.761-766.

[33] Ebd., 11.1067.

[34] Ebd., 12.1558.

weder dunkel noch ein Pferd; er gehört dem Reich der Rinder an und damit dem Reich von Sonne und Sohn; er gehört zum Titeltopos der Episode „Oxen of the Sun". In dieser Fruchtbarkeitsepisode – „Send us bright one, light one, Horhorn, quickening and wombfruit"[35] – ist Bloom derjenige, der Fruchtbarkeit gegen die Sterilität seiner Trinkgefährten verteidigt, die – angeführt vom pferdehaften Buck Mulligan, dessen Pläne für ein Fruchtbarkeitsgestüt wohl doch nicht so ernstgemeint sind – für „Copulation without population"[36] votieren.

Und eben dies – Kopulieren ohne Empfängnis – ist das, was der Pferdestärkenmann Boylan mit Molly in die Tat umsetzt; der gastfreundliche Bloom jedoch ist der wahre Eigentümer des Horns, des Horns der Rinder ebenso wie des Horns der Fruchtbarkeit. Am Ende des Tages ist Molly offensichtlich zufrieden, daß sie mit Boylan ein bißchen Spaß gehabt hat, doch was ihr nicht gefällt, das ist eben die Pferdehaftigkeit Boylans:

> one thing I didnt like his slapping me behind going away so familiarly in the hall though I laughed Im not a horse or an ass am I suppose he was thinking of his fathers [...][37]

Auch wenn Molly Boylans Stärke gefällt, muß sie am Ende einsehen, daß er, was die Säfte der Fruchtbarkeit angeht, nicht viel zu bieten hat:

> no I never in all my life felt anyone had one the size of that to make you feel full up [...] whats the idea making us like that with a big hole in the middle of us or like a

---

[35] Ebd., 14.2.
[36] Ebd., 14.1422.
[37] Ebd., 18.122-24.

> Stallion driving it up into you [...] still he hasnt such a tremendous amount of spunk in him[38]

Der Rindermann Bloom ist immer noch der fruchtbare, blühende. Pferde sind verblüht, aus Rindern rinnt die Zukunft wie das Wasser des Lebens aus dem Zapfhahn. Was die Sache am Köcheln hält, das ist der geduldige Bloom und nicht „Boylan impatience“[39].

5. Reading between the Lions

Nicht nur mit Pferden assoziiert Molly in ihrem Schlußmonolog ihren Liebhaber Boylan, sondern auch noch mit einem anderen, einem eigentlich wilden Tier: „of course hes right enough in his way to pass the time as a joke sure you might as well be in bed with what with a lion God Im sure hed have something better to say for himself an old Lion would“[40]. Ist das nun eine positive Charakterisierung? Am Ende des *Ulysses*, wo wir sie finden, könnten wir es glauben – es sei denn, wir erinnern uns an eine unscheinbare Formulierung, die sich schon am Anfang des *Ulysses* findet, im „Nestor“-Kapitel. Nachdem Stephen sich von Deasy verabschiedet, verläßt er das Schulgebäude:

> He went out by the open porch and down the gravel path under the trees, hearing the cries of voices and crack of sticks from the playfield. The lions couchant on the pillars as he passed out through the gate; toothless terrors.[41]

Zahnlos also sind die Schrecken des Löwen; hätten wir am Ende unserer Lektüre deren Anfang noch genauestens

---

[38] Ebd., 18.149-154.
[39] Ebd., 11.526.
[40] Ebd., 18.1375-1378.
[41] Ebd., 2.427-430.

im Kopf, wüßten wir es wohl; da die Lesestrecke zwischen den Löwen so groß ist und mit gar so vielen Details randvoll, müssen wir dem Vergessen gelegentlich Tribut zollen. Joyce spielt mit den Erwartungshaltungen seiner Leser, auch mit den Grenzen des Erwartbaren; wenn anfangs in einer leichthin geäußerten Assoziation zwei steinerne Löwen als zahnlose Schrecknisse bezeichnet werden, so gibt es zunächst keinerlei Anlaß, das für eine irgend wichtige Mitteilung zu halten.

Erwarten könnten wir schon eher, daß Leopold Bloom etwas Löwenartiges an sich hat; steckt da nicht ein Leo in seinem Namen? Fehl geht allerdings auch diese Erwartung, denn der Name Leopold ist eine Verbindung des mittelhochdeutschen *liut* oder *luit*, das ‚Volk' bedeutet, mit *bald*, der ebenfalls mittelhochdeutschen Vokabel für ‚kühn' oder ‚mächtig' – Leopold wäre demzufolge ‚der im Volke Mächtige'. Das bringt uns nicht wirklich weiter, denn so volkstümlich Bloom bisweilen scheint, ist er doch in allen Völkern, denen er zuzurechnen ist, eher eine ohnmächtige Randerscheinung. Warum dann dieser Vorname? Vielleicht doch nur, um uns in die Irre zu leiten, wie es der *Ulysses* gerne tut, und uns auf die falsche Löwenspur zu bringen. Leopold Blooms Vorname ist eine Finte; was zählt, das ist der Nachname, und damit wissen wir auch: Bloom spielt primär keine faunische, sondern eine florische Rolle. Wenn in der Fauna alle Lebewesen davon leben, daß sie andere Lebewesen fressen, so gilt das für die Blumen und andere Pflanzen im allgemeinen nicht; sie bescheiden sich mehrheitlich mit Licht, Luft, Wasser und dem Erdboden. Leopold Bloom ist eine elementare Figur.

Molly Through the Garden / Reaching for the Bloom

Eglintons Zeitschrift *Dana* als Quelle für Joyce

Die Namen von Ehefrauen sind – zuzeiten des *Ulysses* – Zweitnamen; Marion Tweedy verliert, als sie Leopold Bloom heiratet, ihren Erstnamen und wird zu Molly Bloom. Fiktionsimmanent hat also Molly Bloom von ihrem Mann den Namen übernommen; außerhalb der Fiktion aber scheint es eher umgekehrt zu sein: vieles spricht dafür, daß Joyce für Leopold Bloom zunächst noch keinen Namen hatte (die außerliterarische Vorlage im Rahmen jenes Erlebnisses, das für Joyce die Keimzelle zum Buch war, hieß Hunter und verwies damit namentlich, als Jäger, indirekt schon auf das Tierreich) und daß der erste Name, den er fand, der von Molly Bloom war. Dieser Name erscheint – indirekt – 1905 in der Dubliner Zeitschrift *Dana*, wie noch zu zeigen sein wird.

Am Ende der *Ulysses*-Episode „Scylla and Charybdis" wirft John Eglinton Stephen Dedalus vor, er sei „the only contributor to *Dana* who asks for pieces of silver"[1]. Im realweltlichen Dublin des Juni 1904 war Joyce noch kein *Dana*-Beiträger; der einzige Text von ihm, der in der Zeitschrift abgedruckt wurde, findet sich in der Augustnummer des gleichen Jahrs in Gestalt eines Gedichts mit der Überschrift „Song"[2], das später als Gedicht Nummer VII

1 James Joyce, *Ulysses*, hg. v. Hans Walter Gabler (Harmondsworth: Penguin 1986), 9.1081.

2 Vgl. James Joyce, „Song", in *Dana: An Irish Magazine of Independent Thought* 4 (August 1904), S. 124. – *Dana* wurde herausgegeben von W.K. Magee (John Eglinton) und Frederick Ryan und erschien von Mai 1904 bis April 1905 in Dublin bei Hodges Figgis & Company, Ltd. und in London bei David Nutt. Diese kurzlebige

Teil der Joyceschen Sammlung *Chamber Music* wurde. Immerhin stimmt, daß Joyce im Gegensatz zu allen anderen Beiträgern Geld für sein Gedicht erhielt: sein Beitrag wurde ihm mit einer Guinee entlohnt.[3]

Hinter dem Pseudonym „John Eglinton“ verbirgt sich W.K. Magee, und zusammen mit Frederick Ryan war er der Herausgeber von *Dana*; 1970 erschien praktischerweise ein kompletter Faksimilenachdruck der Zeitschrift. Obwohl dieser Nachdruck dem Copyrightvermerk zufolge „for sale and distribution only in the United States“ zugelassen war, fand ich mit einigem Glück drei letzte Exemplare[4] in den Regalen der Buchhandlung Hodges Figgis, 57-58 Dawson Street, in Dublin, als ich zur Teilnahme am 1992er Joyce-Symposium in der Stadt war. Der Ort meiner Entdeckung ist damit nicht weit von der Büroadresse, unter der die Herausgeber 1904 arbeiteten, denn auf der letzten Seite der drei ersten Nummern ist jeweils zu lesen: „Contributions to be addressed to The Editors, DANA, 26, Dawson Chambers, Dawson St., Dublin“[5]. Allen, die's interessiert, sei gesagt, daß dies auch die Adresse war, unter der sich die Hermetic Society zu ihren donnerstagabendlichen Sitzungen traf: „Yogibogeybox in Dawson chambers“[6].

Monatszeitschrift wurde in einem Band komplett nachgedruckt als *Dana: An Irish Magazine of Independent Thought* (New York: Lemma Publishing Company 1970).

3 Richard Ellmann, *James Joyce* (New York: Oxford University Press 1982), S. 165.

4 Ein Exemplar wurde Fritz Senn überreicht und kann in der Zurich James Joyce Foundation eingesehen werden. Inzwischen ist *Dana* auch im Internet zugänglich: http://dl.lib.brown.edu:8080/exist/mjp/show_series.xq?id=1158589818372971.

5 *Dana* 1 (Mai 1904), S. 32; 2 (Juni 1904), S. 64; 3 (Juli 1904), S. 96.

6 Joyce, *Ulysses*, a.a.O., 9.279.

In dem Bestandsverzeichnis seiner Bücher, das Joyce aufstellte, bevor er seine Wohnung in Triest verließ, ist auch „*Dana* (Dublin)“[7] aufgeführt, und es scheint offensichtlich, daß Joyce die Zeitschrift bei der Arbeit am *Ulysses* benutzte, insbesondere für die Episode „Scylla and Charybdis“, die sich mit genau jener Literaturszene beschäftigt, deren Wirken sich so umfassend auf den Seiten von *Dana* niedergeschlagen hat. Fast alle Teilnehmer der Shakespeare-Diskussion in Joycens Bibliotheksepisode waren im realen Leben Beiträger der Zeitschrift: Eglinton natürlich (der nicht nur Herausgeber war, sondern auch eigene Artikel in den allermeisten Nummern publizierte), A.E. (George Russell, von dem in etlichen Nummern Gedichte und Essays erschienen), T.W. Lyster (dessen 1895er Vortrag über Jane Austen in den Nummern 8 bis 11 abgedruckt ist) und die realweltliche Entsprechung zu Buck Mulligan, also Oliver Gogarty (von dem Gedichte in den Nummern 5, 7 und 10 erschienen). Richard Best war nicht Beiträger, aber seine Arbeiten für die Zeitschrift *Eriu* und seine Übersetzung von Arbois de Jubainvilles *Cycle mythologique irlandais*[8] werden von F.M. Atkinson in der Kolumne „A Literary Causerie“[9] erwähnt.

Natürlich gibt es auch weniger offensichtliche Querbezüge. In einer „Literary Notice“[10] rezensiert Gogarty A.E.s Anthologie *New Songs*, auf die sich Lyster im *Ulysses* bezieht: „Mr Russell, rumour has is, is gathering together a sheaf of our younger poets' verses“[11]. In dieser Rezension preist Gogarty „Mr. Colum's 'Drover', in

---

7 Ellmann, *James Joyce*, a.a.O., S. 789.

8 Vgl. Joyce, *Ulysses*, a.a.O., 9.93.

9 F.M. Atkinson, „A Literary Causerie“, in *Dana* 5 (September 1904), S. 156-160, hier S. 157.

10 Oliver Gogarty, „Literary Notice“, in *Dana* 1 (Mai 1904), S. 32.

11 Joyce, *Ulysses*, a.a.O., 9.290 f.

particular", und dieses Gedicht wird in „Scylla and Charybdis" auch erwähnt: „I liked Colum's *Drover*. Yes, I think he has that queer thing genius"[12]. Douglas Hydes Sammlung *Lovesongs of Connacht*[13] wird recht kritisch in Ryans Artikel „Is the Gaelic League a Progressive Force?" („I ask myself, is this a step forward or backward?"[14]) und beifällig in Eglintons „The Best Irish Poem"[15] erwähnt. Auf W.B. Yeats' „Song of Wandering Aengus"[16] bezieht sich Atkinson[17], und Father Dinneen (im *Ulysses* „Dineen"[18]) kommt prominent in Ryans Artikel über die „Gaelic League"[19], ebenso in Stephen Gwynns Antwortartikel „In Praise of the Gaelic League"[20] vor.

Etliche Beiträger von *Dana* werden auf die eine oder andere Weise in „Scylla and Charybdis" erwähnt: Mitherausgeber Ryan („Fred Ryan wants space for an article on economics"[21]), James Starkey (der einen Leserbrief unter eigenem Namen[22] und Gedichte unter dem Pseudo-

---

12 Ebd., 9.301-303.

13 Vgl. ebd., 9.514.

14 Frederick Ryan, „Is the Gaelic League a Progressive Force?", in *Dana* 7 (November 1904), S. 216-220, hier S. 218.

15 Vgl. John Eglinton, „The Best Irish Poem", in *Dana* 10 (Februar 1905), S. 296-302, hier S. 298.

16 Vgl. Joyce, *Ulysses*, a.a.O., 9.1093.

17 F.M. Atkinson, „A Literary Causerie", in *Dana* 10 (Februar 1905), S. 314-317, hier S. 316.

18 Joyce, *Ulysses*, a.a.O., 9.967 f.

19 Vgl. Ryan, „Is the Gaelic League a Progressive Force?", a.a.O., passim.

20 Vgl. Stephen Gwynn, „In Praise of the Gaelic League", in *Dana* 8 (Dezember 1904), S. 239-244, hier S. 239.

21 Joyce, *Ulysses*, a.a.O., 9.1082 f.

22 Der Brief ist unterzeichnet „J. STARKEY, Secretary, Rural Libraries Association. 27, Dawson Chambers, Dawson Street, Dublin" – vgl. *Dana* 9 (Januar 1905), S. 288; die hier gegebene Adresse ist

nym Seumas O'Sullivan[23] beitrug), George Roberts[24], Edward Dowden[25] und George Moore[26]. Das Vorkommen einiger weiterer Namen und auch Themen, die in Joyceschem Kontext recht signifikant sind, auf den Seiten von Eglintons Zeitschrift ist vielleicht noch interessanter: in *Dana* erwähnt finden wir „the science of Plato and Aristotle"[27], den Vizekönig und „his clattering cavalcade"[28], den *Freeman's Journal*[29] und wiederholt Ernest Renan, Thomas Aquinas, Ignatius Loyola und sogar Ibsen und dessen Übersetzer William Archer. Einer der Beiträge Eglintons ist ein Artikel mit der Überschrift „A Way of Understanding Nietzsche"[30], der uns an Buck Mulligans Ausruf „I'm the *Übermensch*"[31] erinnern mag, ebenso wie Atkinsons Rezension von Algernon Swinburnes gesammelten Gedichten – „the most interesting literary event of the moment"[32] – den Echos auf Swinburne in „Scylla and Charybdis" und anderswo im *Ulysses* zusätzliche Plausibilität verleiht. Auf ähnliche Weise unterstreicht eines von O'Sullivans Gedichten, betitelt „Glasnevin, October 9th

---

beinahe identisch mit denen des Büros von *Dana* und der Hermetic Society von A.E.

23 Vgl. Joyce, *Ulysses*, a.a.O., 9.301, 324.

24 Vgl. ebd., 9.301.

25 Vgl. ebd., 9.730.

26 Vgl. ebd., 9.274, 995.

27 Edouard Dujardin, „The Abbé Loisy", in *Dana* 1 (Mai 1904), S. 18-21, hier S. 19.

28 Dubliniensis, „On Reasonable Nationalism", in *Dana* 4 (August 1904), S. 99-105, hier S. 99.

29 Vgl. Ryan, „Is the Gaelic League a Progressive Force?", a.a.O., S. 216.

30 Vgl. John Eglinton, „A Way of Understanding Nietzsche", in *Dana* 6 (Oktober 1904), S. 182-188.

31 Joyce, *Ulysses*, a.a.O., 1.708.

32 F.M. Atkinson, „Literary Notices", in *Dana* 4 (August 1904), S. 125-128, hier S. 125.

1904“[33], die Relevanz der Zeitschrift für den *Ulysses* (hier besonders für die „Hades“-Episode). Bewunderer von Nora Joyce werden sich freuen, „the old fable of the barnacle goose“[34] erwähnt zu sehen, und wir alle nehmen wohl mit Genugtuung zur Kenntnis, daß „[i]n June, 1904, an association was formed in Dublin to promote the establishment of efficient libraries at all suitable places throughout the country“[35].

Mehr oder minder direkte Quellen für den *Ulysses* gibt es in *Dana* wenige, doch zumindest diese wenigen sollten festgehalten werden. In der Juni-Nummer von 1904 ist A.E.s Artikel „Religion and Love“ enthalten, darin erwähnt werden „the mystery of the Logos“[36] (im *Ulysses* verarbeitet in den Formulierungen „magician of the beautiful, the Logos“[37] and „he thrones an Aztec logos“[38]) und die „Great Mother“ respektive „Mighty Mother“[39], auf die Joyce in „Telemachos“ anspielt[40]. Noch wichtiger ist die folgende Stelle aus dem Artikel „Religion and Love“:

> Spirituality is the power of apprehending formless spiritual essences, of seeing the eternal in the transitory, and in the things which are seen the unseen things of which they are the shadow.[41]

---

[33] Seumas O’Sullivan, „Glasnevin, October 9th 1904“, in *Dana* 7 (November 1904), S. 199.

[34] F.M. Atkinson, „Literary Notices“, in *Dana* 3 (Juli 1904), S. 93-96, hier S. 96.

[35] F.M. Atkinson, „A Literary Causerie“, in *Dana* 11 (März 1905), S. 346-348, hier S. 347.

[36] Æ, „Religion and Love“, in *Dana* 2 (Juni 1904), S. 45-49, hier S. 45.

[37] Joyce, *Ulysses*, a.a.O., 9.62.

[38] Ebd., 9.280 f.

[39] Æ, „Religion and Love“, a.a.O., S. 45, 46.

[40] Vgl. Joyce, *Ulysses*, a.a.O., 1.77, 80, 85, 106.

[41] Æ, „Religion and Love“, a.a.O., S. 47.

Joyce bezieht sich zweifellos auf diese Passage, wenn er in „Scylla and Charybdis“ schreibt: „Art has to reveal to us ideas, formless spiritual essences“[42]; vielleicht tut er es ebenso mit einem Bruchstück in Stephens innerem Monolog: „they creepycrawl after Blake’s buttocks into eternity of which this vegetable world is but a shadow“[43]. Der Titel von Eglintons Artikel in der ersten Nummer von 1905 erinnert uns an den Titel eines Vortrags, den Joyce später schrieb: „The Islands of Saints“[44]. Dieser Text Eglintons hebt mit einer Kipling-Zeile an („East is East and West is West“), und wenn wir die nächste (von Eglinton verschwiegene) Verszeile aus dem bekannten Kipling-Gedicht („Never the twain shall meet“) hinzufügen, sind wir schon fast bei dem Wortmaterial von Joycens „East of the sun, west of the moon [...] Booted the twain and staved“[45].

In „Scylla and Charybdis“ finden wir auch die folgende Bemerkung: „Our national epic has yet to be written, Dr Sigerson says“[46]. Sigerson wird in *Dana* nirgendwo erwähnt, doch das Problem des ungeschriebenen Nationalepos lauert überall zwischen den Zeilen seiner Beiträge, und manchmal wird es sogar explizit ausgesprochen – am

---

[42] Joyce, *Ulysses*, a.a.O., 9.48 f.

[43] Ebd., 9.87 f.

[44] Vgl. John Eglinton, „The Island of Saints“, in *Dana* 9 (Januar 1905), S. 257-263. – Joycens „Ireland, Island of Saints and Sages“ wurde 1907 in Triest als Vortrag gehalten; gedruckt ist der Text zugänglich in *The Critical Writings of James Joyce*, hg. v. Ellsworth Mason u. Richard Ellmann (New York: Viking Press 1959), S. 153-174.

[45] Joyce, *Ulysses*, a.a.O., 9.413 f. – Don Gifford u. Robert J. Seidman, *„Ulysses“ Annotated: Notes for James Joyce’s “Ulysses”* (Berkeley: University of California Press 1988), S. 220, identifizieren die Formulierung „East of the Sun, West of the Moon“ als Titel einer Volkslegendensammlung von Peter Christen Asbjörnsen.

[46] Joyce, *Ulysses*, a.a.O., 9.309.

deutlichsten wohl im Eingangssatz der „Introductory“ der Herausgeber („the promotion of a national literature“[47]) und in R.W. Lynds Artikel „The Nation and the Man of Letters“, der folgendermaßen anhebt:

> THERE is one question which will scarcely be settled among us until Ireland has taken her place among the comfortable and great nations. This is the question, How far, and in what sense, ought literature to be a distinctively national affair?[48]

Dieses Zitat enthält zudem eine Anspielung auf Robert Emmets berühmte letzte Worte, die Joyce am Ende der „Sirens“-Episode zitiert[49].

In seiner Kolumne „Literary Causerie“ zitiert Atkinson anläßlich seiner Besprechung von Swinburnes *A Channel Passage and Other Poems* aus der Genesis: „the hands are the hands of Esau, but the voice –“[50]; Stephen modifiziert dieses Zitat in „Scylla and Charybdis“: „I am tired of my voice, the voice of Esau“[51]. In der selben Nummer steht von Eglinton ein Essay mit dem Titel „Sincerity“, der so anfängt: „‘BEWARE of that man,’ said Diderot of Rousseau; ‘he believes every word he says!’“[52] Diese Stelle könnte Eglintons berühmte Frage in „Scylla and Charybdis“ inspiriert haben: „Do you believe your own theory?“[53]

Einige Beiträger von *Dana* sind auf überraschendere Weise mit Joyce verbunden. Zu denken ist an einen

---

47 The Editors, „Introductory“, in *Dana* 1 (Mai 1904), S. 1-4, hier S. 1.

48 R.W. Lynd, „The Nation and the Man of Letters“, in *Dana* 12 (April 1905), S. 371-376, hier S. 371.

49 Vgl. Joyce, *Ulysses*, a.a.O., 11.1284 f., 1289 f., 1291 f., 1294.

50 F.M. Atkinson, „A Literary Causerie“, in *Dana* 7 (November 1904), S. 221-224, hier S. 221.

51 Joyce, *Ulysses*, a.a.O., 9.981.

52 John Eglinton, „Sincerity“, in *Dana* 7 (November 1904), S. 210-215, hier S. 210.

53 Joyce, *Ulysses*, a.a.O., 9.1065 f.

Artikel in der ersten Nummer mit dem Titel „The Abbé Loisy“; der Autor dieses Textes ist niemand anderes als der Erfinder des inneren Monologs, Edouard Dujardin![54] An Joyce denken muß man sicherlich auch anläßlich von Moores „Preface to a New Edition of ‘Confessions of a Young Man’“[55], wobei sich die Frage erhebt, ob wir hier nicht eine mögliche Quelle für den Joyceschen Romantitel *A Portrait of the Artist as a Young Man* vor uns haben. Hinzu kommt, daß Moore ausgerechnet hier in dem Vorwort seiner „Confessions“ die *Imaginary Portraits* von Walter Pater preist[56].

Moores Hauptbeitrag zu *Dana* ist sein autobiographischer Text „Moods and Memories“, ein Reflex auf seine Erlebnisse in Paris, der in den Nummern 1 bis 6 als Fortsetzungsabdruck erscheint. In einer der Teillieferungen entdecken wir den Terminus „*entra'ctes*“[57], den Joyce (freilich korrekter buchstabiert) in „Scylla and Charybdis“ benutzt: „*Entr'acte*“[58]. Sogar leichte Anklänge an Leopold und Molly Bloom (die in *Dana* natürlich nicht explizit vorkommen) lassen sich in Moores Prosa ausmachen; er greift wiederholt zu Formulierungen wie „when the chestnuts are in bloom“[59] und „this garden of rhododendrons and chestnut bloom“[60], womit er unbeabsichtigt nicht nur die Joycesche Formulierung „[t]he chestnuts that

---

[54] Vgl. *Dana* 1 (Mai 1904), S. 18-21.

[55] Vgl. George Moore, „Preface to a New Edition of ‘Confessions of a Young Man’“, in *Dana* 7 (November 1904), S. 200-204.

[56] Vgl. ebd., S. 201 f.

[57] George Moore, „Moods and Memories: III“, in *Dana* 2 (Juni 1904), S. 55-61, hier S. 57.

[58] Joyce, *Ulysses*, a.a.O., 9.484.

[59] George Moore, „Moods and Memories: I“, in *Dana* 1 (Mai 1904), S. 5-10, hier S. 8.

[60] George Moore, „Moods and Memories: V“, in *Dana* 4 (August 1904), S. 106-110, hier S. 107.

shaded us were in bloom"[61] beinahe vorwegnimmt, sondern auch Mollys Erinnerungen an die Rhododendren von Howth.[62]

Der überraschendste Joycesche Fund aus allen zwölf *Dana*-Nummern ist ebenfalls ein ‚Bloomenfund', allerdings nicht bei Moore, sondern bei Gogarty. Im *Ulysses* hat Joyce sich gelegentlich der mehr oder weniger respektlosen und zu Schlüpfrigkeiten neigenden Verse Gogartys bedient, und das Gogarty-Gedicht, das sich in *Dana* abgedruckt findet, stellt auf schöne Weise unter Beweis, daß Gogarty Verse sowohl im schlüpfrigen Metier als auch im sentimentalen Kontext seiner weniger waghalsigen irischen Dichterkollegen zu verfertigen verstand. Gogartys Gedicht trägt den Titel „Molly", und jeder Joyce-Kenner, der bei diesem Titel aufmerkt, läuft Gefahr, den Schock seines Lebens zu bekommen, sobald er die letzte Verszeile des Gedichts erreicht. Das komplette Gedicht lautet folgendermaßen:

---

61 Joyce, *Ulysses*, a.a.O., 14.1145.

62 Sobald man erst einmal auf Molly Bloom und die Rhododendren aufmerksam geworden ist, scheint es schwer zu sein, nicht gelegentlich auf (und sei es kuriose) Zusammenhänge zu stoßen. Bei Gelegenheit eines Besuchs im Glenveagh National Park im irischen County Donegal, zu dessen Attraktionen drei recht ätherische Gemälde von A.E. im Glenveagh Castle und üppige Rhododendrongärten drumherum zählen, stieß ich auf ein spezielles Exemplar mit dem Namensschildchen „RH. MOLLYANUM", wozu ich naturgemäß sogleich den berühmten Hintern der rhododendronischen Molly (vgl. Joyce *Ulysses*, a.a.O., 18.53: „the usual kissing my bottom") assoziieren mußte. Die Tatsache, daß es einen Rhododendron gibt, dessen botanische Bezeichnung klingt, als sei sie nach Mollys Anus benannt worden, verträgt sich vielleicht allzu gut mit Joycens Bezeichnung von Mollys Arsch als „cardinal point" der „Penelope"-Episode – vgl. *Letters of James Joyce*, Bd. I, hg. v. Stuart Gilbert (New York: Viking Press 1957), S. 170. Nicht bekannt ist mir, ob Joyce die korrekte botanische Bezeichnung dieser Pflanze gekannt haben könnte oder nicht.

MOLLY.

Molly through the Garden
  Laughed and played with me,
And the gate unbarred in
  To the rosery,

Just she said to show me
  How the roses grew,
And when she would show me,
  Ask me if I knew

Which of all was fairest,
  Crescent bud or rose,
Till I guessed the rarest
  She would not disclose.

Laughing little lady,
  All her features shone
Like a star whose body
  And whose soul are one.

So I went intending
  To please her if I could,
Pondered then, and bending
  Pointed to the bud.

But the moment after
  Saw her face illume
With a peal of laughter
  Reaching for the bloom.

OLIVER GOGARTY.[63]

Jeder weitere Kommentar scheint mir überflüssig.

---

63 Oliver Gogarty, „Molly“, in *Dana* 10 (Februar 1905), S. 308.

Die Bibliothek als Meer der Plagen

Zu den *Odyssee*-Analogien in „Scylla und Charybdis"

Wie in anderen *Ulysses*-Episoden auch, so finden sich in „Scylla und Charybdis" zahlreiche punktuelle Anspielungen auf die *Odyssee*. Dabei handelt es sich sowohl um Verweise auf das Homerische Epos allgemein (so etwa die Bezeichnung Anne Hathaways als „a Penelope stay-at-home"[1]) als auch um solche, die im besonderen dem Abenteuer von Skylla und Charybdis angemessen oder diesem gar direkt entnommen sind (beispielsweise die Beschreibung „shipwrecked in storms dire [...] like another Ulysses"[2] oder auch die Opposition „The devil and the deep sea"[3]). Daß aber die Bedingungen, zu denen das Homerische Epos umgeformt wird, in der Bibliotheksepisode ganz besondere sind, erhellt schon aus den Strukturschemata, die Joyce selbst in Umlauf brachte. Im Gorman-Gilbert-Schema nennt er als Entsprechung des Felsens Skylla: „Aristotle, Dogma, Stratford", für den Wasserstrudel Charybdis ist angegeben: „Plato, Mysticism, London"; Odysseus wird besetzt mit „Socrates, Jesus, Shakespeare".[4] Anders als bei sämtlichen anderen Episoden taucht hier als Entsprechung kein Konkretum und keine Figur aus der *Ulysses*-Handlung auf; statt dessen wird die Frage der *Odyssee*-Umsetzung ganz in den Bereich der im Gespräch abgehandelten Themen

---

1 James Joyce, *Ulysses*, hg. v. Hans Walter Gabler et alii (Harmondsworth: Penguin 1986), 9.620.

2 Ebd., 9.403.

3 Ebd., 9.139 f.

4 Nach der Gegenüberstellung des „Linati Schema" mit dem „Gorman-Gilbert Plan" bei Richard Ellmann, *Ulysses on the Liffey* (London: Faber 1974), zwischen S. 188 und S. 189.

gerückt, also zum einen in die Diskussion von Leben und Werk William Shakespeares und zum anderen auf das Feld philosophischer und theologischer Kategorien.

Dabei scheint es nun so, als sei die Homerische Episode des im Felsen hausenden Drachenwesens Skylla und des verschlingenden Wirbels Charybdis vor allem im Prinzip widerstreitender Oppositionen abgebildet worden: Joyce selbst nennt als Technik seiner Episode im Gorman-Gilbert-Plan „Dialectic" und als Sinn im Linati-Schema „Dilemma Bitagliente"[5]. Diese Richtungsangabe ist in der Sekundärliteratur aufgenommen und weitergeführt worden, und so wird der Kurs, den Odysseus zwischen den beiden Gefahren zu steuern hat, in der *Ulysses*-Episode fast immer metaphorisch gesehen oder in abstrakte Kategorien umgesetzt: Stephen habe sich zwischen den Polen von scholastischer und mystischer Methode, von Klassik und Romantik, von Materialismus und Idealismus zu bewegen und in der Shakespeare-Deutung zwischen dem an Stratford gebundenen Leben und der in London verwirklichten Kunst einen Schwebezustand herzustellen. Diese Umsetzung des Homerischen Prinzips ‚Skylla und Charybdis' in ein duales System der Interpretation läßt sich mit einigem Geschick soweit treiben, daß die ganze Joycesche Bibliotheksepisode darin aufgeht und damit eingängig beschreib- und erklärbar wird; ein Beispiel dafür ist die Interpretation von Robert Kellogg[6].

Dem ist allerdings entgegenzuhalten, daß sich in letzter Konsequenz praktisch jedes Phänomen in duale Oppositionen auflösen und damit zu einem Abbild des 2-Seiten-

---

[5] Vgl. ebd.

[6] Vgl. Robert Kellogg, „Scylla and Charybdis", in Clive Hart / David Hayman (Hg.), *James Joyce's Ulysses. Critical Essays* (Berkeley / Los Angeles / London: University of California Press 1974), S. 147-179.

Prinzips arrangieren läßt. Man denke etwa daran, daß kein Informationsvorrat zu komplex und inkonsistent wäre, um sich nicht in binäre Computersprache übersetzen zu lassen; man denke ferner daran, daß es Richard Ellmann in *Ulysses on the Liffey* ebenso schlüssig wie anschaulich gelingt, den ganzen Roman *Ulysses* und nicht nur die Bibliotheksepisode in Oppositionen aufzulösen und für jede Episode eine Fülle von Gegensatzpaaren aufzubieten. Freilich nennt Ellmann für „Scylla and Charybdis“ deutlich mehr im Text präsente Oppositionen als für irgendeine andere Episode[7]; daß das in *Ulysses* allgegenwärtige kompositorische Prinzip der Opposition in „Scylla and Charybdis“ besonders intensiv umgesetzt ist, läßt sich kaum leugnen.

Die Bibliotheksepisode entwirft ein Streitgespräch, das als solches bereits dem Oppositionsprinzip gehorcht; schon alleine aus dem Zusammentreffen gegensätzlicher Auffassungen und Anschauungen ergeben sich duale Fügungen, die durch die rhetorische Tendenz zur antithetischen Argumentationsführung nur noch unterstrichen werden. Dies ist nicht zuletzt eine Frage der Mikrostrukturierung der Romantextur in dieser Episode; allerdings beruht der strukturelle Hang zum Dualismus nicht nur auf der Opposition von Einstellungen. Es gibt eine ganze Reihe von Stellen, an denen Dualität nicht als Opposition, sondern einfach als Kombination verwirklicht wird:

> Did you hear Miss Mitchell’s joke about Moore and Martyn? That Moore is Martyn’s wild oats? Awfully clever, isn’t it? They remind one of Don Quixote and Sancho Pansa.[8]

---

[7] Vgl. ebd., S. 122 f.

[8] Joyce, *Ulysses*, a.a.O., 9.306-309.

Die meisten Stellen, an denen auf mikrostruktureller Ebene Dualität zum Vorschein kommt, stehen im übrigen in Beziehung zur Figurenkonstellation, von der noch zu sprechen sein wird. Die Dualität spielt gelegentlich auch in das einzelne Wort hinein; in dieser Hinsicht signifikant ist beispielsweise die Beschreibung des Bibliothekars zu Beginn: „Twicreakingly analysis he corantoed off."[9]

Es sei bei alledem jedoch darauf hingewiesen, daß es sich hier eben tatsächlich nur um Mikropartikel handelt, die im Detail mit dualen Strukturprinzipien spielen, ohne deswegen notwendigerweise einen abstrahierenden Überbau konstituieren zu müssen, wie er in der Interpretation meist entsteht. Die Betonung von Binarität im Detail (zu der übrigens auch viele Shakespearesche „and"-Titel beitragen) ist ein formales und strukturelles Moment aus eigenem Recht, das nicht – oder doch jedenfalls nicht in jedem Fall – der Herausarbeitung einer stringenten gedanklichen Zweipoligkeit untergeordnet werden kann. Wird eine solche Integration aller Elemente in ein konsequent durchkonstruiertes Dualitätsschema betrieben, so wird das strukturelle Eigengewicht der Sprachtextur unter- und die Bedeutung sachlogischer Abstraktionen überschätzt. Wenn die „lady Penelope Rich"[10] der daraufhin so bezeichneten „poor Penelope in Stratford"[11] gegenübergestellt wird, so ist damit auf der Textoberfläche eine Kontrastierungsbewegung vollzogen worden, die als solche bereits sinnhaft ist, ohne unbedingt als sinnvolles und folgerichtiges Teilstück einem alle Feinheiten erschlagenden System einverleibt werden zu müssen.

---

[9] Ebd., 9.12.
[10] Ebd., 9.638 f.
[11] Ebd., 9.649.

Strukturelles Abbild der Opposition von Skylla und Charybdis sind aber nicht nur einzelne Textdetails, sondern ist möglicherweise auch die Episode als ganze: sie wird unterbrochen von einem „*Entr'acte*"[12] und später fortgeführt mit den Worten: „– We want to hear more"[13]. Während dieses Zwischenspiels ruht das Shakespeare-Gespräch; das Geschehen wird durch die egozentrischen Albernheiten des eintretenden Buck Mulligan beherrscht und zudem durch das Erscheinen Blooms an der Peripherie der Bildfläche unmerklich abgelenkt. Mithin zerfällt die Bibliotheksepisode in zwei Teile oder Pole, wodurch das duale Prinzip eben auch eine strukturelle Umsetzung erfährt.

Ähnliches gilt sogar für die Stellung der Episode im Romanganzen: als Episode 9 ist sie (zusammen mit „Wandering Rocks") gewissermaßen die Spiegelachse des Buches – ein Umstand, der noch verstärkt wird durch den Bruch, der sich zwischen den mimetischen Darstellungsweisen in der ersten Romanhälfte und den eigengesetzlichen und eigenrealitären Seinsweisen der zweiten Romanhälfte vollzieht. Im Linati-Schema notierte Joyce nach Ellmann zwischen den Episoden 9 und 10: „Punto Centrale – Ombelico"[14], was diese Beobachtungen zur Kapitelstellung schon stützen könnte; der Zusammenhang wird jedoch schlagartig noch deutlicher durch die plausible Vermutung, daß Joycens Notat wohl besser als „Punto Uretrale – Ombelico"[15] zu entziffern ist und damit den Übergang von der abhängig-embryonalen zur unabhängigen und entwickelten Existenzweise bezeichnet.

---

[12] Ebd., 9.484.

[13] Ebd., 9.618.

[14] Ellmann, *Ulysses on the Liffey*, a.a.O., zwischen S. 188 und S. 189.

[15] Vgl. Anna Battigelli, „The Schema as an Index to Joyce's Narrative", in *James Joyce Quarterly* 22.3 (Frühjahr 1985), S. 319-323, hier S. 320 f.

Lokalisiert zwischen „Scylla and Charybdis" und „Wandering Rocks" ist der Geburtsvorgang der *Ulysses*-Prosa, und die Geburt in ihrer medizinischen Realität läßt sich durchaus in eine metaphorische Verbindung bringen sowohl zum Durchsteuern der Meerenge zwischen Skylla und Charybdis als auch zum Durchfahren der Irrfelsen, das sich in Kapitel 10 umgesetzt findet.

Kommen wir von den strukturellen zu den inhaltlichen und sprachlich-zitathaften Rückbezügen der Episode zu Homer.[16] Sprachliche Anklänge finden sich vor allem, wenn man Joycens Text mit Charles Lambs *Adventures of Ulysses* vergleicht – Lambs Bearbeitung des Homerischen Stoffes ist bekanntlich eine bevorzugte Jugendlektüre von Joyce gewesen.[17] Hier scheint sich sogar eine Quelle zu finden für Stephens Bereitschaft zur Darbietung einer ‚Theorie', an die er nicht glaube – „Do you believe your own theory? / – No, Stephen said promptly"[18] –, denn von Odysseus, der seine Männer mit der Erinnerung an bereits vollbrachte Heldentaten anspornen will, die ihm selbst im nachhinein unglaubwürdig vorkommen, heißt es bei Lamb: „That he could not believe but they remembered it; and wished them to give the same trust to the same care which he had now for their welfare."[19]

---

16 Die folgenden Ausführungen entnehme ich im wesentlichen dem Aufsatz „Scylla & Charybdis in Klappendorf? Um eine Joycesche Figurenkonstellation in *Abend mit Goldrand*" meines Buches *Dublin ➔ Bargfeld. Von James Joyce zu Arno Schmidt* (Frankfurt a.M.: Bangert & Metzler 1987), S. 56-93, hier S. 60-68.

17 Vgl. Fritz Senn, „Odysseeische Metamorphosen", in *James Joyce ‚Ulysses'. Neuere deutsche Aufsätze*, hg. v. Therese Fischer-Seidel (Frankfurt a.M.: Suhrkamp 1977), S. 26-57, hier S. 37.

18 Joyce, *Ulysses*, a.a.O., 9.1065-1067.

19 Charles Lamb, *The Adventures of Ulysses*, in *Miss Leicester's School and other Writings in Prose*, Bd. I (London: MacMillan 1899), S. 127-257, hier S. 170.

Im Wortschatz am deutlichsten an Lambs Version orientiert aber ist eine Darstellung, die Stephen vom innerlich zerrissenen Shakespeare gibt: „A like fate awaits him and the two rages commingle in a whirlpool.“[20] Hier zum Vergleich Lambs Beschreibung von Skylla:

> There, in a deep whirlpool at the foot of the rock, the abhorred monster shrouds her face; who if she were to show her full form, no eye of man or god could endure the sight; thence she stretches out all her six long necks peering and diving to suck up fish, dolphins, dog-fish, and whales, whole ships, and their men, whatever comes within her raging gulf.[21]

---

20 Joyce, *Ulysses*, a.a.O., 9.464; meine Hervorhebungen.

21 Lamb, *The Adventures of Ulysses*, a.a.O., S. 166; meine Hervorhebungen. – Es ist fast eine Lebensaufgabe, alle relevanten lexikalischen Bezugssysteme, die sich aus dieser und anderen Stellen ableiten lassen, aufdecken zu wollen. Hier nur zur Übung einige Hinweise: „abhors“ verwendet Joyce im *Ulysses* 9.870 f. im Zusammenhang mit der Figur des John Eglinton (vgl. unten); „monster(s)“ steht 4.348 und 15.2331 im Zusammenhang mit „eye“, 15.1995 und 15.4487 mit „greeneyed“, 14.456 f. mit „a certain whore of an eyepleasing exterior“ namens „Bird-in-the-Hand“; an den Stellen 15.1998 und 14.451 findet sich außerdem „flattered“ bzw. „flatteries“ und „flatteringly“, an der Stelle 14.471 außerdem „rage“, dasselbe 1.143 zusammen mit „eyes“ und 13.600 mit „looking“; 15.3853 „rage“ als Beschreibung von Shakespeare; 15.4223 wird Stephen „*Strangled with rage*“ geschildert, attackiert von einer (Gott darstellenden) „*green crab with malignant red eyes*“ (zu „maligned“ vgl. 9.244); diese Stelle ist über die tote Mutter Stephens und das leitmotivische „ghoul“ (15.4200) verbunden mit 15.1208 „*His green eye flashes bloodshot [...] ghouleaten*“ und 15.1255 „*He worms down through a coalhole*“ (vgl. dazu unten); „green flashing eyes“ auch 4.23 zusammen mit „button“ und „butt“ und nahe bei „butter“ und „coals“; dies verweist auf das Butter- und das Kohlenmotiv (vgl. unten) und vielleicht auch auf 9.874 „But flatter“, dort gemünzt auf „Eglintoneyes“ (vgl. unten).

Alle hier hervorgehobenen Begriffe treten in der Bibliotheksepisode des *Ulysses* oder in dazu heranzuziehenden anderen Passagen an prononcierter Stelle auf, und alle stehen sie im Zusammenhang mit der Figurenentsprechung, die sich in dieser Episode zu den Komplementärpolen Skylla und Charybdis durchaus auffinden läßt. Allerdings gibt Joyce selbst eine solche personale Füllung der Homerischen Folie, wie bereits oben gezeigt, in seinen Schemata für diese Episode nicht an; ihre mögliche Existenz ist dann tatsächlich lange von der Forschung ignoriert worden. Offenbar war Stanley Sultan der erste, der einen ernsthaften Versuch in dieser Richtung unternommen hat. Er kann schlüssig darlegen, daß die Charybdis-Rolle bei der Diskussion in der Nationalbibliothek von der Figur des A.E. (alias George William Russell) übernommen wird.[22] Daß Sultans Einschätzung in der Tat zutrifft, erhellt vor allem aus einer Assoziation in Stephens innerem Monolog:

> Filled with his god he thrones, Buddh under plantain. Gulfer of souls, engulfer. Hesouls, shesouls, shoals of souls. Engulfed with wailing creecries, whirled, whirling, they bewail.[23]

---

[22] Vgl. Stanley Sultan, *The Argument of Ulysses* (Columbus: Ohio State University Press 1964), S. 151. – Zur historischen Person Russell vgl. Don Gifford, Robert J. Seidman, *Notes for Joyce. An Annotation of James Joyce's Ulysses* (New York: Dutton 1974), S. 23: „George William Russell (pseudonym AE, 1867-1935), a dominant figure in the Irish literary renaissance of the late nineteenth and early twentieth century. He was profoundly committed to the truths of mystical (theosophical) experience, and he combined in one career the activities of prophet, poet, philosopher, artist, journalist, economic theorist, and practical worker for agrarian reform." Ein Strudel von Tätigkeiten also!

[23] Joyce, *Ulysses*, a.a.O., 9.284-286.

Der Auslöser für diese Assoziationskette, Russell nämlich, wird – unter Verwendung von Begriffen, die an das Wort „gulf" aus Lambs Beschreibung anknüpfen[24] – als der wirbelnde Strudel beschrieben, der in der *Odyssee* den Namen Charybdis trägt.

Schwieriger auszumachen ist im *Ulysses* eine Figur, die in ähnlich überzeugender Weise als Pendant zum Felsen Skylla zu interpretieren ist. Sultan meint, eine solche Figur in Buck Mulligan gefunden zu haben, dessen materialistische Körperlichkeit sich in der Tat von Russells spiritueller Ausrichtung absetzt; Russell wie Mulligan opponieren – wenngleich nicht auf die gleiche Weise – gegen Stephens ästhetische Vorstellungen.[25] Deutliche Indizien lassen sich für diese Auffassung, die in Sultans Nachfolge auch von anderen Interpreten vertreten wird[26], im Text jedoch nicht ausmachen.

Es ist erstaunlich, daß anscheinend noch niemand versucht hat, die Figur des John Eglinton[27] als Skylla zu

---

[24] Vgl. das in Anm. 21 nachgewiesene Zitat. – Das Wort „gulf" ist im *Ulysses* – auch in Ableitungen und Zusammensetzungen – ausgesprochen selten. Man beachte daher besonders die Formulierung „engulfed in the coalhole" (15.1265; dort deutlich als Auflösung im Nichts des Todes gekennzeichnet), die eine Verbindung mit dem wichtigen Kohlenmotiv herstellt. Vgl. zu Fragen der Worthäufigkeit Miles L. Hanley, *Word Index to James Joyce's Ulysses* (Madison: University of Wisconsin Press [4]1953; der Index basiert auf der alten Random-House-Ausgabe von 1934, deren Seitenzählung aus der neuen von 1961 zu rekonstruieren ist) sowie jetzt auch Wolfhard Steppe, *A Handlist to James Joyce's Ulysses. A Complete Alphabetical Index to the Critical Reading Text* (New York / London: Garland 1986).

[25] Vgl. Sultan, *The Argument of Ulysses*, a.a.O., S. 152 f.

[26] Vgl. Suzette A. Henke, *Joyce's Moraculous Sindbook. A Study of Ulysses* (Columbus: Ohio State University Press 1978), S. 65.

[27] Zur – wie A.E. – historischen Person Eglinton vgl. Gifford / Seidman, *Notes for Joyce*, a.a.O., S. 157: „pseudonym of William Kirkpatrick Magee (1868-1961), Irish essayist and influential figure on

identifizieren. Eglinton wird – weit mehr als Russell – der hartnäckigste Widersacher Stephens beim Streitgespräch in der Bibliothek, und – was wichtiger ist – er wird von Stephen sowohl mit einem Felsen als auch mit einem drachenartigen Reptil assoziiert: „Stephen withstood the bane of miscreant eyes, glinting stern under wrinkled brows. A basilisk. *E quando vede l'uomo l'attosca.*“[28] Der basiliskenhafte Blick Eglintons, dem Stephen hier ausgesetzt ist[29], wird an anderer Stelle unter dem Stichwort „Eglintoneyes“[30] beschrieben, worin auch *Eglinton-I's* mitschwingt – Eglintonsche Identitäten also, die über die fortgesetzte Verballhornung des Namens entstehen: „littlejohn Eglinton“[31], „John sturdy Eglinton“[32], „Second Eglinton“[33], „Besteglinton“[34], „ugling Eglinton“[35], „Stead-

---

the Dublin literary scene. He was Assistant Librarian of the National Library in 1904 and remained so until 1922.”

28 Joyce, *Ulysses*, a.a.O., 9.373 f. – Ein Basilisk ist ein aus Zügen von Hähnen und Drachen zusammengesetztes Fabelwesen, dessen Blick tötet. – Daß hier eine Gleichsetzung Eglintons mit Skylla vorgenommen wird, erwähnt bereits Gilbert in seiner 1930 zuerst erschienenen Studie; er begreift dies jedoch nur als punktuelle Assoziation. Vgl. Stuart Gilbert, *Das Rätsel Ulysses. Eine Studie*, üb. v. Georg Goyert (Frankfurt a.M.: Suhrkamp 1977), S. 174. – Zur expliziten Erwähnung von Eglintons „brows“ (vgl. auch *Ulysses* 9.723: „John Eglinton's active eyebrows“) an dieser Stelle sei angemerkt, daß „brow“ an der Stelle 14.1090 im engen Zusammenhang mit „scorpions“, d.h. Reptilien, vorkommt. – Zur zitierten Stelle vgl. auch deren Vorprägung in James Joyce, *Giacomo Joyce* (London: Faber 1968), S. 15.

29 Vgl. auch die Hinweise zum „eye“-Motiv und dessen Zusammenhang mit dem „monster“-Motiv und Eglinton unter Anm. 21.

30 Joyce, *Ulysses*, a.a.O., 9.872.

31 Ebd., 9.367 f.

32 Ebd., 9.660.

33 Ebd., 9.718.

34 Ebd., 9.728.

35 Ebd., 9.735; zu beachten ist, daß Skylla in der *Odyssee* wiederholt als besonders häßlich bezeichnet wird.

fast John“[36], „*Eglintonus Chronologos*“[37], „MAGEEGLINJOHN“[38], „Judge Eglinton“[39], „Eglinton Johannes“[40], „John Eclecticon“[41], „Chin Chon Eg Lin Ton“[42]. Insgesamt werden so zwölf *Eglinton-I's* generiert; zwölf „Eglintoneyes“ wiederum entsprechen sechs Köpfe, was mit der Homerischen Skylla korrespondiert. Die sechs Gefährten von Odysseus, die Skylla sich holte, finden ihre Entsprechung in Eglintons Frage an Stephen: „Have you found those six brave medicals [...] to write *Paradise Lost* at your dictation?“[43]

Als eine Art Miniaturdrachen begreift Stephen seinen Widersacher auch, wenn er angesichts eines Einwurfs von dessen Seite eine Erinnerung an einen vergangenen Frankreichaufenthalt assoziiert: „Old wall where sudden lizards flash. At Charenton I watched them.“[44] Daß die Konnotation Eglintons mit der Eichechse von Joyce hier durchaus intendiert ist, zeigt eine Stelle aus der „Circe“-

---

[36] Ebd., 9.737.

[37] Ebd., 9.811. Vgl. auch die Beschreibung Russells als „Logos“ (9.62) bzw. „logos“ (9.281).

[38] Ebd., 9.900.

[39] Ebd., 9.1017.

[40] Ebd., 9.1061.

[41] Ebd., 9.1070.

[42] Ebd., 9.1129.

[43] Ebd., 9.18 f.

[44] Ebd., 9.662. – Charenton ist eine Stadt bei Paris, in deren Irrenanstalt der Marquis de Sade einsaß. Eglinton als Sadist? Der einzige explizite Hinweis auf de Sade bei Joyce findet sich meines Wissens in dem Schauspiel *Exiles* (London: Granada 1979). Dort bezeichnet Joyce den Kampf zwischen den männlichen Hauptpersonen „ROBERT – an automobile“ und „RICHARD – an automystic“ (ebd., S. 147) als „a rough and tumble between the Marquis de Sade and Freiherr v. Sacher Masoch“ (ebd., S. 156). Die Binärpaarung Eglinton / A.E. ließe sich demnach nicht nur als Skylla versus Charybdis, sondern auch als Sadismus versus Masochismus beschreiben.

Episode, die in der dramatisierten Projektion von Stephens und Blooms Phantasmagorien die disparaten Motivstränge des Romans eng verknüpft:

> ([...] *John Eglinton who wears a mandarin's kimono of Nankeen yellow, lizardlettered, and a high pagoda hat.*)

[...]

JOHN EGLINTON

(*produces a greencapped dark lantern and flashes it towards a corner: with carping accent*) Esthetics and cosmetics are for the boudoir. I am out for truth. Plain truth for a plain man. Tanderagee wants the facts and means to get them.

> (*In the cone of the searchlight behind the coalscuttle, ollave, holyeyed, the bearded figure of Mananaun MacLir broods, chin on knees. He rises slowly. A cold seawind blows from his druid mantle. About his head writhe eels and elvers. He is encrusted with weeds and shells. His right hand holds a bicycle pump. His left hand grasps a huge crayfish by its two talons.*)

MANANAAN MACLIR

(*with a voice of waves*) Aum! Hek! Wal! Ak! Lub! Mor! Ma! White yoghin of the Gods. Occult pimander of Hermes Trismegistos. (*with a voice of whistling seawind*) Punarjanam patsypunjaub! I won't have my leg pulled. It has been said by one: beware the left, the cult of Shakti. (*with a cry of stormbirds*) Shakti, Shiva! Darkhidden Father! (*he smites with his bicycle pump the crayfish in his left hand. On its cooperative dial glow the twelve signs of the zodiac. He wails with the vehemence of the ocean*) Aum! Baum! Pyjaum! I am the light of the homestead. I am the dreamery creamery butter.

> (*A skeleton judashand strangles the light. The green light wanes to mauve. The gasjet wails whistling.*)[45]

Dem „dreamery creamery" Mystizismus Russells wird hier Eglintons Verlangen nach „Plain truth" und „facts" deutlich gegenübergestellt; in diesem Sinne ist die Dualität der Bibliotheksepisode auch präsent bei der Wiedergabe von Goethes *Hamlet*-Interpretation zu Beginn der Episode: „The beautiful ineffectual dreamer who comes to grief against hard facts"[46]. In „Scylla and Charybdis" finden sich zahlreiche weitere versteckte Hinweise auf das Komplementärgespann Russell / Eglinton, von denen die wichtigsten im folgenden aufgelistet seien:

- Stephens Gedanke „Two left"[47] bezieht sich auf Russell und Eglinton, mit denen ihn der Bibliothekar einen Moment allein läßt.

- Russell und Eglinton werden von Stephen geographische Extrempositionen in Form von Himmelsrichtungen zugewiesen: „Mummed in names: A.E., eon: Magee, John Eglinton. East of the sun, west of the moon: *Tir na n-og*. Booted the twain and staved."[48]

---

45 Joyce, *Ulysses*, a.a.O., 15.2248-2278. Hinter „Mananaun MacLir" verbirgt sich hier wieder Russell, wie aus der Gleichsetzung beider Figuren durch Stephen an der Stelle 9.190 hervorgeht. – Man beachte neben „lizardlettered" auch „greencapped", „carping" und die fernöstlichen Requisiten bei Eglinton sowie „coalscuttle, ollave, holyeyed" und „chin" bei MacLir / Russell.

46 Ebd., 9.9 f.

47 Ebd., 9.15.

48 Ebd., 9.412-415. Tir na n-og ist das (keltische) Reich der ewigen Jugend.

- Die Nennung der beiden Huren „Fresh Nelly and Rosalie, the coalquay whore“[49] durch Buck Mulligan beinhaltet einen impliziten Verweis auf Russell, dessen Name sich durch Deformation der Vokale zu ‚Rosalie‘ abwandeln läßt, und auch auf Eglinton, dessen offensichtliche Unbedarftheit in sexuellen Dingen[50] ihm das Prädikat „Fresh“ eingetragen haben mag.

- Eglinton und Russell sind ebenfalls gemeint mit der Beschreibung „Glittereyed, his [= Eglinton's] rufous skull close to his greencapped desklamp sought [Russell:] the face, bearded amid darkgreener shadow, an ollav, holyeyed.“[51] Der Schädel steht dabei für Skyllas Felsgrotte.[52]

---

49 Ebd., 9.1090 f. Vgl. auch 9.1187-1189, wo Buck Mulligan die beiden Huren als Charaktere im Entwurf eines Bühnenstücks auflistet; weitere Charaktere sind „CRAB (a bushranger)“ (zu „crab“ als Hand Gottes vgl. oben: Anm. 21) und „TOBY TOSTOFF (a ruined Pole)“, womit innerhalb der von Sexualismen durchsetzten Textur der Bibliotheksepisode natürlich nicht nur ein Mann polnischer Herkunft gemeint ist, sondern auch ein ‚Pfahl‘, ‚to be tossed of‘.

50 Diese ist in der ganzen Episode latent spürbar, so etwa in Mulligans Spottvers *„John Eglinton, my jo, John. / Why won't you wed a wife?“* (9.678 f.) sowie in der ebenfalls von Mulligan stammenden Bezeichnung „the chinless Chinaman“ (9.1129; vgl. Anm. 45: Russell wird dagegen sehr wohl ein „chin“ zugesprochen!). Vgl. auch die entsprechende Charakterisierung des historischen Eglinton durch Joyce als „trauriges Beispiel für schreckliche Jungfräulichkeit“ und als „‚die schreckliche Jungfrau‘“, die von Stanislaus Joyce, *Meines Bruders Hüter*, üb. v. Arno Schmidt (Frankfurt a.M.: Suhrkamp 1960), S. 329, mitgeteilt wird. Im Original heißen die Begriffe „horrible virginity“ bzw. „horrible virgin“ – vgl. Stanislaus Joyce, *My Brother's Keeper* (London: Faber 1958), S. 247.

51 Joyce, *Ulysses*, a.a.O., 9.29 f. Diese Stelle hat für einige Verwirrung in der Forschung gesorgt. So werten z.B. Gifford / Seidman, *Notes for Joyce*, a.a.O., S. 157, die ganze Passage als Beschreibung Rus-

- Auch Stephens Standortbestimmung „Between the Saxon smile and yankee yawp. The devil and the deep sea"[53] meint Eglinton und Russell als die beiden bedrohenden Instanzen Skylla („devil") und Charybdis („deep sea") – bei einer Äußerung Russells war Stephen kurz vorher eingefallen: „A.E. has been telling some yankee interviewer"[54], und Eglinton war es gewesen, der Shakespeare als „Saxon"[55] bezeichnete. Diese Zurechnung macht aber auch deutlich, daß Joyce bereits im *Ulysses* vielfach primär nicht eine sachlogische Verknüpfungsweise anwendet – Eglinton ist alles andere als probritisch eingestellt –, sondern wie später in *Finnegans Wake* eine sprachassoziative. Begriffe, Motive und Figuren tragen Abfärbungen der lexikalischen Einheiten, die in ihrer Nähe auftreten, mit sich fort und können später mit diesen zusammen wieder abgerufen werden.

Der beim letzten Beispiel festgestellte, zumindest vorübergehend vorhandene Primat der Sprach- (und das heißt auch: Klang-) Assoziation bei der Verknüpfung disparater

---

sells; dem steht neben der Absurdität des sich dann einstellenden Bedeutungszusammenhangs die Assoziation zwar der Begriffe „ollav" und „holyeyed" mit Russell, aber des Ausdrucks „greencapped" mit Eglinton (vgl. oben: Anm. 45) entgegen. Die von mir bevorzugte Lesart wird bestätigt durch die Heranziehung der ähnlich aufgebauten Stelle 9.242 „His [= Stephen's] look went from brooder's beard [= Russell] to carper's skull [= Eglinton]", wo das für Eglinton charakteristische „carper" (vgl. Anm. 45 und 9.214 f.: „John Eglinton's carping voice") hinzutritt.

52 Vgl. die bereits in einer früheren Episode eingeführte Auffassung von Felsbrocken („boulders") als „piled stone mammoth skulls" durch Stephen (9.206 f.)

53 Joyce, *Ulysses*, a.a.O., 9.139 f.

54 Ebd., 9.54; vgl. ebenso 7.785.

55 Ebd., 9.44

Motive gestattet es nun aber auch, zusammenhängende Motivketten auf rein zufälligen lautlichen Gleichklängen aufzubauen. So läßt es etwa die Assoziation Eglintons mit „lizard“ möglich erscheinen, eine Verbindung zu dem Namen einer Frau herzustellen, die in *Ulysses* einige Male an der Peripherie des Geschehens auftaucht: „Coming events cast their shadows before. With the approval of the eminent poet Mr Geo Russell. That might be Lizzie Twigg with him.“[56] Diese erneute Rückkoppelung zur (außerhalb von „Scylla and Charybdis“ relativ selten erwähnten) Figur des George Russell erscheint durchaus signifikant. Ein weiterer Bezug läßt sich möglicherweise über eine Henne namens Liz herstellen:

> Ga Ga Gara. Klook Klook Klook. Black Liz is our hen. She lays eggs for us. When she lays her egg she is so glad. Gara. Klook Klook Klook. Then comes good uncle Leo. He puts his hand under black Liz and takes her fresh egg. Ga ga ga ga Gara. Klook Klook Klook.[57]

Neben der möglichen Assoziation von Liz mit dem „lizard“ Eglinton liegt auch jene von dessen Namen mit dem „fresh egg“ (vgl. auch „Fresh Nelly“!) nahe; Eier wiederum können als hartschalige (vgl. den Felsen Skyllas bzw. den Schädel Eglintons) Hühnerprodukte der „dreamery creamery butter“[58] gegenübergestellt werden, mit der Russell wiederholt in Zusammenhang gebracht wird.[59] Butter er-

---

[56] Ebd., 8.526 f. Vgl. auch 9.331, wo Lizzie Twigg ebenfalls in Begleitung Russells auftritt.

[57] Ebd., 12.846-849. Ähnlich auch 15.3707-3711.

[58] Vgl. Anm. 45 und das darin nachgewiesene Zitat.

[59] Die Verbindung von Russell und anscheinend auch Eglinton mit landwirtschaftlichen Erzeugnissen erscheint vor allem aus dem Grunde legitim, daß der von beiden repräsentierte irische Nationalismus sich nicht nur mit der Literatur, sondern auch mit der (primär agrarischen) Wirtschaft Irlands beschäftigt: Russell, der zukünftige Herausgaber des *Irish Homestead*, wird dort einen Artikel über Maul- und Klauenseuche

scheint im *Ulysses* meist als heiße, brutzelnde, geschmolzene, und dies durchaus mit religiöser Implikation; Russell ist „the sacrificial butter“[60], dessen Brutzeln auf Altar oder Herd (vgl. dazu das Kohlenmotiv!) göttlichen Rauch erzeugt, der zum Himmel aufsteigt.[61] Diese Vorstellung verdichtet sich am Schluß der Bibliotheksepisode, die von der Forschung häufig als kryptisch aufgefaßt wird:

> Kind air defined the coigns of houses in Kildare street. No birds. Frail from the housetops two plumes of smoke ascended, pluming, and in a flaw of softness softly were blown.
>
> Cease to strive. Peace of the druid priests of Cymbeline, hierophantic: from wide earth an altar.
>
> *Laud we the gods*
> *And let our crooked smokes climb to their nostrils*
> *From our bless'd altars.*[62]

---

unterzubringen versuchen, der ihm von Stephen überbracht wird (vgl. 9.321: „The pigs' paper“), und Eglinton, der Herausgeber von *Dana*, lehnt es ab, dort eine Arbeit von Stephen zu veröffentlichen, da er Raum für einen Artikel über die Wirtschaft braucht (vgl. 9.1081-1083).

60 Joyce, *Ulysses*, a.a.O., 9.64.

61 Das Buttermotiv scheint mir (besonders im Zusammenhang mit dem Kohlenrauchmotiv) sehr wichtig zur Interpretation des *Ulysses* und daher eine eingehende Betrachtung wert zu sein; für die von mir in diesem Aufsatz intendierte Fragestellung ist es jedoch von untergeordneter Bedeutung, so daß es an dieser Stelle ausreichen mag, auf folgende Arbeiten hinzuweisen, die der Signifikanz dieses Motivs in anderen Texten von Joyce nachgehen und eine gute Grundlage für die Weiterverfolgung der genannten Gesichtspunkte im *Ulysses* bieten: Chester G. Anderson, „The Sacrificial Butter“, in *Accent* 12 (1952), S. 3-13, nachgedruckt in *Joyce's Portrait. Criticism and Critiques*, hg. v. Thomas E. Connolly (New York: Appleton-Century-Crofts 1962), S. 124-136; Chester G. Anderson, „James Joyce's 'Tilly'“, in *Publications of the Modern Language Association of America* 73 (1958), S. 285-298.

62 Joyce, *Ulysses*, a.a.O., 9.1218-1225. „No birds“ bezieht sich auf das Augurium Stephens in *A Portrait of the Artist as a Young Man*

Das Ende der Episode bringt damit erneut Russell ins Spiel, der die Diskussion in der Nationalbibliothek bereits zu Beginn verlassen hatte. Warum das so sein muß, ergibt sich aus der *Odyssee*. Dort kann Odysseus dem Strudel Charybdis zunächst schnell entfliehen, verliert beim anschließenden Zusammentreffen mit Skylla jedoch sechs seiner Männer.[63] Es schließt sich das Abenteuer mit den Rindern des Helios an; durch die Schuld seiner Gefährten, die die Rinder schlachten, zieht sich Odysseus den Zorn Zeus' zu, der Odysseus' Schiff im Sturm scheitern läßt. Den allein überlebenden Odysseus verschlägt es schiffbrüchig schließlich erneut zu Charybdis, der er diesmal nur knapp entgeht.[64] Dem entspricht präzise die Irrfahrt Stephens, der in der Darlegung seiner Shakespeare-Thesen beim schnell gehenden Russell zwar kaum auf Widerstand trifft, von Eglinton dagegen aber empfindlich gestutzt wird; als Stephen mit Mulligan die Bibliothek verläßt, konfrontiert ihn die angegebene Passage dann jedoch wieder mit Russell. Die Ursache dafür ist nicht zuletzt Stephens Gefährte Mulligan, dessen vereinnahmendes Verhalten Stephen in seinem Bemühen um Eigenständigkeit im Wege steht. Mulligan ist nämlich gerade nicht, wie in der Interpretation der Bibliotheksepisode meist behauptet, nach Russells Verschwinden der Hauptgegner Stephens, er ist nicht Skylla; vielmehr unterstützt er Stephens Argumentation auf seine Weise,

(London: Granada 1977), S. 202-204. – Das Zitat am Schluß ist dem Schluß von Shakespeares *Cymbeline* entnommen; dort wird so der Friede zwischen Römern und Briten besiegelt. Die Ruhe ist für Stephen also durchaus trügerisch: immerhin begreift er sich selbst als unfreiwilliger Diener zweier Herren, nämlich von „The imperial British state [...] and the holy Roman catholic and apostolic church" (*Ulysses* 1.643 f).

63 Vgl. Homer, *Odyssee*, XII, 201-259.

64 Vgl. ebd., XII, 426-446.

indem er als Possenreißer deren Elemente aufnimmt und vulgär travestiert.[65] Die Folgen sind für Stephen zwar durchaus verheerend, Mulligans Trivialisierungen sind jedoch keineswegs als Kritik intendiert, sondern eher als harmlose kameradschaftliche Albernheiten.

Die Figurenkonstellation der Episode läßt sich damit folgendermaßen auffassen:

Stephen
A.E. › ↓ ‹ Eglinton
Buch Mulligan

Russell und Eglinton sind die beiden Klippen, zwischen denen Stephen einen Weg zu finden sucht. Mulligan dagegen feindet Stephen nicht an, sondern tritt als (ihn dominierender) Gefährte auf; gerade dadurch steht er Stephens Entwicklung jedoch im Wege.

Nun darf allerdings auch diese Positionszuweisung nicht als starres Schema aufgefaßt werden, das die Korrespondenzen zur *Odyssee* für die gesamte Episode regelt. Das gilt etwa für Stephens Rolle, die diesem Schema zufolge die des Odysseus wäre. Zwar ist dies prinzipiell durchaus richtig; seine Odysseus-Rolle spielt Stephen beispielsweise, wenn er in Reaktion auf einen antiaristotelischen Ausfall Eglintons sein Schwert zieht – „Unsheathe your dagger definitions"[66] – ganz so, wie Homers Odysseus sich gegen Skylla mit Lanzen bewaffnet[67]. Der Beschluß zum Einhalten eines mittleren Kurses, zum Steuern eines

---

[65] Vgl. z.B. die Augestaltung von Stephens Formulierung „an androgynous angel, being a wife unto himself" (*Ulysses* 9.1052) als Schauspiel: „*Everyman His own Wife / or / A Honeymoon in the Hand / (a national immorality in three orgasms) / by / Ballocky Mulligan*" (9.1171-1176). Mulligan dürfte hier weniger Stephen treffen wollen als den hyposexuellen Eglinton

[66] Joyce, *Ulysses*, a.a.O., 9.84.

[67] Vgl. Homer, *Odyssee*, XII, 228-230.

Kompromisses zwischen den Extremen kommt aber gerade nicht von Stephen, sondern von Eglinton: „The truth is midway, he affirmed.“[68]

Hinzu kommt, daß zum Schluß der Episode der Odysseus des gesamten Buches auftritt: Bloom. Er spielt diese Odysseus-Rolle auch hier; Buck Mulligan hat so Unrecht nicht (wenn auch in einem anderen als dem gemeinten Sinne), wenn er Bloom als „ancient mariner“[69] anspricht. Als Bloom in seiner Funktion als Odysseus seinerseits einen Kurs zwischen zwei Felsen zu steuern hat, wird Stephen umfunktioniert zu einem dieser Felsen im Meer; sein Widerpart ist in diesem Moment Buck Mulligan. Als die beiden Gefährten die Nationalbibliothek verlassen, geht Stephen mentaliter auf Distanz: „My will: his will that fronts me. Seas between.“[70] Schon vor diesem geistigen Auseinandertreten vollzieht sich ein körperliches, und als Stephen und Mulligan auf den Eingangsstufen der Nationalbibliothek als Skylla und Charybdis in Opposition zueinander geraten, ist der Odysseus, der zwischen ihnen hindurchschreitet, zur Stelle: „About to pass through the doorway, feeling one behind, he [= Stephen] stood aside. / Part. The moment is now. [...] A man passed out between them, bowing, greeting.“[71] Der Mann ist Bloom.

---

68 Joyce, *Ulysses*, a.a.O., 9.1018.
69 Ebd., 9.1210 f.
70 Ebd., 9.1202.
71 Ebd., 9.1197-1199.

Nachweise

„Die erzähltechnische Handhabung des ‚interior monologue' in der ‚Telemachus'-Episode des *Ulysses*" wurde folgendem Band entnommen: Friedhelm Rathjen, *Triplin' Dublin. Nach- und Überträge zu James Joyce und Samuel Beckett* (Südwesthörn: Edition ReJoyce 2015). Geschrieben 1982 als Seminararbeit bei Bernfried Nugel.

Die übrigen Beiträge wurden folgendem Band entnommen: Friedhelm Rathjen, *Flußgefließe. Aufsätze zu James Joyce* (Scheeßel: Edition ReJoyce 2008).

„Was bleibt?": Geschrieben für Jörg Drews; Erstdruck in Sabine Kyora, Axel Dunker, Dirk Sangmeister (Hg.), *Literatur ohne Kompromisse. ein buch für jörg drews* (Bielefeld: Aisthesis 2004).

„Maniküre": Geschrieben in englischer Sprache und gedruckt u.d.T. „Pairing Fingernails" im *James Joyce Quarterly* 33.1 (Herbst 1996); die deutschsprachige Fassung wurde für den Band *Flußgefließe* geschrieben.

„Blooms Tierleben": In dieser Form geschrieben für den Band *Flußgefließe*; verarbeitet wurden die ursprünglich in englischer Sprache geschriebenen Texte „Daedalean Crash on Bloomsday" aus dem *James Joyce Quarterly* 33.1 (Herbst 1996), „Ascot or Escom?" und „Why Lambay" aus dem *Joyce Studies Annual 1995* (Austin: University of Texas Press 1995) sowie „Horses Versus Cattle in *Ulysses*" aus dem *Joyce Studies Annual 2001* (Austin: University of Texas Press 2002).

„Molly Through the Garden / Reaching for the Bloom": Geschrieben in englischer Sprache und gedruckt im *James Joyce Quarterly* 32.1 (Herbst 1994); die deutschsprachige Fassung wurde für den Band *Flußgefließe* geschrieben.

„Die Bibliothek als Meer der Plagen": Geschrieben im Januar 1990 für einen Band, der die Arbeitsergebnisse einer Gruppe von Forschern zum Zusammenhang der einzelnen *Ulysses*-

Episoden mit der *Odyssee* darstellen sollte; der Band kam nicht zustande, weswegen der Text erstmals im Band Flußgefließe erschien. Der Autor dankt den Mitgliedern der Arbeitsgruppe (Ulrich Blumenbach, Fabrizio Brena, Jörg Drews, Bettina Klein, Christof Neumeister, Fritz Senn, Gudrun Wicht) für anregende Gespräche.